하던 일을 멈추고 바닷속으로

GOODBYE, AGAIN
by Jonny Sun

Copyright © 2021 by Jonny Sun
All rights reserved

Korean translation copyright © 2025 by Viche, an imprint of Gimm-Young Publishers, Inc.
This Korean edition was published by arrangement with Jonny Sun, Inc. c/o Levine
Greenberg Rostan Literary Agency through KCC(Korea Copyright Center Inc.), Seoul.

이 책의 한국어판 저작권은 (주)한국저작권센터(KCC)를 통한 저작권사와의 독점 계약으로
비채에 있습니다.
저작권법에 의해 한국 내에서 보호를 받는 저작물이므로 무단전재와 무단복제를 금합니다.

하던 일을 멈추고
바닷속으로

조니 선 에세이
홍한결 옮김

비채

일러두기
- 모든 주는 옮긴이주입니다.
- 이 책의 인명, 지명 및 고유명사는 외래어표기법을 따르되 현지 발음을 고려해 일부 예외를 두었습니다.

내가 지금까지 작별 인사를 가장 많이 한 사람,
부모님에게

그것 자체로 감사한 일이라고 생각하며

차례

들어가며 작은 첫인사 ... 9

1부 잘 가요 ... 13
이사 | 찾아가는 것 | 공백 채우기 | 다육식물 | 그 일이 실제로 일어났다 | "죄책감이 어떤 식으로 도움이 되지요?" | 갈망에 대하여 | 부자연스러운 말 | 선인장 | 친구 집에서 묵는다는 것 | '우정' | 대화하지 않은 지 여러 해가 지난, 어느 친한 친구와의 대화 | 향수 | 넌 옛날에 참 행복한 아이였는데 | 유레카 | 평온함 | 휴식을 향해 달리기 | 블록 쌓기 | 살기 위한 일, 살아 있는 일?

2부 천천히 가세요 ... 65
에어플랜트 | 계란 스크램블 만들기 | 손님 아닌 손님이 되는 곳 | 별세상 | "천천히 가세요" | 경유 | 도피 | 농장 게임

3부 잘 지내요 ... 113
파티 | 집에 박혀 있기 | 누가 말할 것인가 | 룰렛 | 종이 타월을 두 개 살까 세 개 살까 고민되는데 | 불안세 | 일 친구 | 상담 친구 | 세 가지 생일 파티 아이디어 | 유령 이야기 | 크로톤 | 입자들 | 파동에 관한 사실 | 슈뢰딩거의 역설에 대한 첨언

4부 안녕하세요 ... 157
하던 일을 멈추고 바닷속으로 걸어 들어가서 | 햇살 | 마란타 | 그리기와 식물 그리기 | 피토니아 | 관심 | 대화에 열심히 임한다는 것 | 증거 | 시간 낭비에 노력 낭비

5부 다시 안녕하세요 ... 195
스킨답서스 | 기억을 보존하는 방법 | 빈자리 | 딱히 잘 알지 못하던 사람이 사라진 뒤의 허전함 | 애도 | 장례식용 플레이리스트 | 역시 대화하지 않은 지 여러 해가 지난, 또 다른 친한 친구와의 대화 | 분열 | 할아버지가 키우던 식물 | 다른 사람을 통해 기억된다는 것 | 그곳에도 식물은 이미 있다

6부 다시 잘 가요 ... 219
결국에는 다 잘됐고, 나는 그냥 언제까지나 엄청난 스트레스와 압박감에 끊임없이 시달리면서 살기만 하면 되는 거였다 | 죽을 운명인 식물 | 페페로미아 | 행복은 흔들리기 쉬운 상태 | 팝콘 이야기 | 팝콘 이야기(부연 설명) | 언젠가 엘리사가 해준, 내가 매일같이 되뇌는 말 | 머물다 가는 행복 | 새가 있는 창 | 머물다 가는 슬픔 | 세상이 멸망하기 직전 마지막 십오 분, 최악에서 최고 순으로 | 심리치료실 밖의 나무 | 타인의 방 | 다시 잘 가요

나가며 작은 작별 인사 ... 265

옮긴이의 말 ... 268

들어가며 작은 첫인사

원래 2018년은 마음먹고 많이 쉬려고 했던 해였다. 모진 세상에 지치고, '생산적'인 일에 파묻혀 살려다가 더 지쳐버린 터였다. 뭔가에 몰두하면 스트레스는 받더라도 대신 통제감 비슷한 기분을 느낄 수 있으리라는 게 애초 생각이었다. 할 일이 항상 있으면 정신을 팔면서 위안을 삼을 수 있지 않을까 싶었다. 그런데 오히려 번아웃이 심해지고 우울증도 더 심하게 왔다. 결국 스스로 합의를 보았다. 내가 살려면 나를 더 잘 돌봐야 한다고. 그래서 2018년은 마음먹고 그렇게 하려고 했고, 얼마 동안은 잘 되었다. 일을 멈추고 휴식을 취하는 요령을 익혔다. 해야 할 일을 미루고 있다는 느낌에 마음이 무거워지는 그런 휴식이 아니라, 정말로 힐링이 되는 진짜 휴식이었다.

그러다가 조용히 쉴 때 떠오르는 단상을 따로 모으기 시작했다. 잊지 않으려면 적어놓아야 했다. 이런저런 아이디어와 간단한 그림이 점점 쌓였다.

끊임없이 생산해야 한다는 압박감에서 벗어나려고 했는데, 잠깐 일을 내려놓고, 일 걱정을 잊고 느긋이 쉬면서 충전할 방법을 찾고, 이런저런 생각에 자유롭게 빠지는 시간을 갖게 되자마자 그런 시간을 글로 남겨야겠다 싶어진 것이다. 기록해서 모아놓지 않으면 잊히고 사라질 것 같았다. 그렇게 되면 휴식하면서 일부러 비생산적으로 시간을 보낸 '보람'이 없으리라는 생각이었다.

즉 내가 휴식하고 있다는 증거를 남기고 싶었는데, 그러다가 아예 이걸로 프로젝트를 하나 해야겠다는 생각이 들었다. '생산적'으로 보내지 않은 시간이 보람 있으려면 뭔가 결과물을 생산해야 할 것 같았다.

더 나아가 그저 나만 볼 글이 되어서는 안 된다고 생각했다. 내가 쉬고 충전하고 카타르시스를 느껴봤자 그게 다른 사람에게 무슨 의미가 있냐는 물음이 머릿속을 맴돌았다(아니, 더 솔직히 말하면 나 자신에게도 의미가 없는 것 같았다). 보여줄 결과물이 없고 남들과 공유할 수 없다면 무슨 소용일까. 나 혼자 휴식하고 힐링하고 성장한다는 것은 그저 이기적인 활동에 불과하지 않을까. 휴식의 결과물이 있어야 한다는 압박감을 떨칠 수 없었다. 끊임없이 일하고 재촉하고 생산하고 효율화하는 문화가 몸에 워낙 깊게 배어 있는 탓이기도 했다. 어떤 굴레에 갇힌 느낌이었고, 지금도 그렇다.

어쨌든 그래서 '휴식 시간'에 휴식을 한 게 아니라, 그 틈을 타 다른 일을 하려고 휴식 시간을 기다렸다.

그런 휴식을 통해 이 책이 탄생했다. 일 년을 좀 쉬면서 보내려고 한 것이 이 년이 되더니, 결국 삼 년 동안 글을 쓰고 구성하고 책 작업을 했다. 삼 년 동안 수차례 방을 옮기고 아파트를 옮기고 사는 도시를 옮기면서 어수선한 이별을 치르고, 새로 옮겨 간 곳에 적응하면서 또 어수선한 만남을 치렀는데, 그 과정에서 책 작업은 꾸준한 벗이 되어주었다.

글을 쓴 덕분에 안정적으로 내 감정을 들여다보고, 나도 모르던 습관을 깨닫고, 내게 중요한 것을 명확히 표현할 수 있었다. 이제 모두 내 손에 실물로 쥘 수 있고 나중에 다시 찾아볼 수도 있다. '내가 깨달은 것' 또는 '내가 중요하게 여기는 것'의 모음인 셈이다. 그만큼 내가 성장했거나 발전한 느낌이다. 아니면 난 지금 휴식보다 일이 편한 내 성격을 어떻게든 변명하려는 걸까? 두 말이 조금씩 다 옳다는 생각도 든다.

이 책에 실린 글은 짧다. 우리는 누구나 번아웃 상태고 시간이 부족하기 때문이다. 내가 일하거나 휴식하는 시간을 잠깐씩 빼내서 이 책을 쓴 것처럼, 독자의 시간을 기회

될 때마다 잠깐씩만 훔쳐 가려고 한다. 부담을 주거나 많은 것을 요구하고 싶지 않다. 언제든 가능할 때마다 짬을 내서 읽어볼 수 있으면 좋겠다. 읽으면서 뭔가 얻는 게 있으면 좋겠고, 그것으로 충분하기를 또 그것으로 족하기를 바랄 뿐이다.

1부
잘 가요

이사

이사 갈 때 항상 맨 마지막으로 싸는 짐은 기타다. 박스와 가구와 그 외 다른 용품을 모두 밖으로 빼내고 나면 삼십 분 정도 시간을 할애해 집에서, 아니 오랫동안 내 집이었지만 이제는 텅 빈 공간에서 몇 곡을 연주한다. 내 목소리가 모든 방에 마지막으로 울려 퍼지게 한다. 원하는 대로 소리를 내본다. 소리가 공간에 그대로 기억되고, 내게도 그대로 기억되길 바라면서. 이사를 숱하게 하면서 경험해보니 방과 그렇게 작별하는 게 가장 좋았다.

이번에 나는 휑한 반지하 층(광고지의 그럴듯한 문구에 따르면 '정원 층') 아파트에 홀로 남아 있다.

엊그제 침대 프레임을 해체하려고 침대를 옮겼더니 지금껏 가려져 있던 방 귀퉁이가 드러났다. 머리 쪽 벽에 존재도 몰랐던 콘센트가 하나 있었다. 이사 들어올 때 침대를 여기에 놓으면서 보지 못한 모양이다. 아니, 아마 처음엔 봤겠지만 짐을 정리하는 어수선함 속에서 잊었겠지.

콘센트가 머리맡에 있는 것을 알았더라면 좋았을 텐데. 이제껏 휴대전화를 충전할 때 방문 옆 콘센트에 꽂았는데, 침대에서 거리가 있어서 밤에 누워서 휴대전화를 보다가 충전하려면 일어나 콘센트까지 가서 꽂고 빈손으로 돌아와야 했다. 그렇다 보니 휴대전화를 하면서 늦게까지 잠을 안 잘 때가 많았다. 꽂으러 일어나기는 귀찮고 충전하지 않고 그냥 잘 수도 없으니, 분별 있는 사람이라면 누구나 택할 만한 절충안을 택했다. 방전될 때까지 손에서 놓지 않는 것. 휴대전화가 꺼지면 그제야 도리가 없으니 마침내 충전하러 일어났다. 좀 긴 충전 케이블이나 연장 코드가 있으면 좋겠다 싶었는데, 어쩌다 보니 결국 이 년을 그렇게 지냈다.

진작 알았더라면 아까운 수면 시간을 그리 많이 뺏기지 않았을 텐데. 콘센트의 존재가 드러나는 순간, 공간이 갑자기 다시 낯설어졌다. 처음 이사 왔을 때의 휑하고 낯설던 느낌 그대로다. 내가 살던 집이니 훤히 안다고 생각했다. 떠나는 마당이 되어서야 미처 제대로 몰랐다는 아쉬움이 든다.

이 집에서의 첫날과 마지막 날은 박스 깔린 바닥에 매트리스를 놓고 그 위에서 잤다. 그동안은 침대 프레임을 조립해서 살았지만 이제 다시 해체했다. 어떤 곳에 산다는 것은 시작과 끝이 비슷한 느낌이다. 불확실한 기분을 안고 빈 공간으로 이사한다. 불확실한 기분을 서서히 공간에 떠넘긴다. 떠나면서 다시 빈 공간으로 되돌리고, 그간 맡겨둔 불확실함을 받아 간다. 방은 처음처럼 휑한 모습으로 돌아간다. 하지만 나는 그전과 달라져 있다(이번의 가장 확연한 변화라면 마지막 날 밤에 휴대전화를 새로 발견한 콘센트에 처음으로 꽂았고, 그래서 지난 이 년에 비해 밤잠을 조금 더 잘 잤다는 것이리라).

이곳에서 보내는 마지막 아침. 매트리스도 내놓고 박스와 휴대전화 충전기도 모두 내놓았다. 물건이 모두 사라지고 불확실한 감정도 머물 곳이 없어진 지금, 이제는 먼지가 숨을 곳도 없어 보인다. 벽의 금도 가릴 수 없고, 하자를 대충 수리하고 주변과 다른 색으로 칠해둔 페인트가 벗겨진 곳이나 몰딩과 바닥 사이 틈이 벌어져 바람과 벌레가 들어오는 곳도 모두 드러나 있다. 북향 반지하 층, 아니 정원 층 아파트의 방 안쪽에는 빛이 들지 않는다는 사실도 숨길 수 없다. 집을 채우던 물건이 사라지고 나니 아무래도 더 추워진 걸까? 아니면 괜히 그렇게 느껴지는 걸까? 내 눈높이에는 작고 땅딸막한 창문이 달려 있다. 창문은 바깥 주차장의 아스팔트 바닥과 집 외벽이 만나는 모서리 바로 위에 나 있다. 유리가 한 장이고 창틀이 나무여서, 겨울에 눈이 쌓이거나 다른 계절에 비가 세차게 내리면 창틈으로 물이 새어 들어왔다. 돌이켜보면 이 집은 항상 추웠던 것 같다.

텅 빈 낯선 공간 속에서 모든 것이 메아리치고 있다. 소리를 흡수해줄 것도 없고 나를 흡수해줄 것도 없다. 이제 나는 이 공간에 속하지 않는다. 메아리처럼 벽에서 벽으로 반사되면서, 떠나기 전까지 잠시 배회할 뿐.

기타를 치면서 이 곡 저 곡으로 계속 옮겨간다. 메아리치는 이 특이한 공간에서 내가 잘 아는 곡들이 어떤 느낌으로 들리는지 음미해본다. 이 방에서 여러 번 연주한 곡이지만 그때는 내 물건이 주변에 있었다. 이제는 소리가 더 풍성하고 커지고 거침없는 느낌마저 든다. 떠나기 전 마지막으로 방에 그 곡들과 내 목소리를 들을 수 있는 기회를 주고 있다.

나는 곡을 끝까지 연주하는 걸 싫어한다. 그래서 예전에 남들 앞에서 연주할 때 좋은 평가를 받지 못했고, 그 후로는 밖에서 연주하지 않았다. 결말이 아름답고 감동적이고 완벽한 곡은 끝까지 연주하면 너무 슬퍼진다. 그런 결말을 잘 견디지 못한다. 완전히 끝났다는 느낌, 곡이 더 이어지지 않는다는 느낌이 싫다(서서히 페이드 아웃되는 곡도 있고 그런 곡들은 후렴구가 영원히 반복되면서 점점 멀어져가는 느낌을 주지만, 결국 정적으로 끝나는 건 마찬가지다). 그래서 나는 곡을 연주할 때마다 대략 중간쯤에서 끊고 다음 곡으로 넘어간다. 다음 곡의 브릿지쯤 가서 머릿속에 갑자기 이런 목소리가 들릴 때도 있다. '좋아, 이 정도면 됐어.' 그러면 그 직전에 쳤던 코드가 허공에 잠시 머물다가 사라진다. 그러고 나면, 여기선 이제 끝이다. 그걸로 됐다.

내가 바라는 건 딱 하나다. 내가 이 집을 기억하는 방식 그대로 집도 나를 기억해주기를. 부족하고 말 없고 삐걱거리지만, 늘 겉보기보다, 실제보다, 과거 속 기억보다 어떻게든 더 나아지려고 애쓰는 그런 모습으로. 그리고 앞으로는 서로 마주치지 않기를. 지금 이 마법이 깨지면 안 되니까.

찾아가는 것

아무리 달려도 슬픔에서 벗어날 수는 없다. 슬픔은 이미 도처에 있다. 슬픔이 우리에게 찾아오는 게 아니라, 우리가 슬픔에게 찾아간다.

공백 채우기

　직장이나 학교를 옮기려고 새 동네로 이사 갔을 때, 아직 생활 패턴이 정착되지 않고 딱히 아는 사람도 없는 상태에서 백지장처럼 휑한 토요일과 일요일이 다가오면, 어떻게든 이 주말을 보내고 나야 월요일에 '어떤 부여된 목적'이 다시 생기겠구나 하는 깨달음과 함께 공허감이 찾아든다.
　그런 휑한 느낌이 무엇보다 두렵다. 나는 일정 없는 시간이 주어지면 마음이 편치 않다. 시간을 어떻게든 활용해야 한다는 생각에 곧바로 사로잡히기 때문이다. 그런데 누가 봐도 그 시간을 잘 활용했다고 할 만큼 보람 있는 일이랄 게 도통 생각이 나질 않는다. 무엇을 한들 만족스러울 것 같지 않다. 그나마 가장 보람 있어 보이는 방법은 주어진 시간 동안 뭔가 생산적인 활동을 하는 것인데, 그런 생각을 하면 슬프다. 나는 사람을 만나거나 취미 활동을 하거나 어디에 가거나 무엇을 보는 것보다 일을 더 하는 게 가장 편하다. 그러면서 공허감을 메우고, 공허감을 제대로 채울 수 없으리라는 불안감을 메우려는 것이다. 메운다기보다는 내몰려고 하는 건지도.

슬픔이 항상 우리 곁에 있는 것과 비슷하다고 할까. 나는 일이라는 것, 일한다는 것이 왠지 편안하게 느껴진다. 다른 건 다 잊더라도 혼자 있기만 하면 일은 항상 할 수 있을 것 같다. 어떻게든 **무언가**를 하면서 시간을 보낼 수 있다. 여차하면 늘 할 수 있는 게 바로 일이다.

그건 학습된 반응이다. 머릿속으로 이렇게 생각한다. '바쁘면 다 용서가 돼. 일 외에는 아무것도 하지 않아도, 여유 시간이란 게 전혀 없어도 남들이 용서해줄 거야. 더 열심히 일하고 더 많은 시간을 생산적으로 보내면 남들이 칭찬해줄 거야.' 그럴 때마다 내 태도는 강화된다. 일이 세상 무엇보다 중요하다는 거짓 믿음이 굳어지면서 그 속에 점점 깊이 빠져든다.

그래서 토요일이나 일요일에 밖에 나가지도 않고, 시내를 구경하지도 않고, 동네에서 얼굴만 아는 몇 사람과 친해져볼 생각도 하지 않고, 주말을 주말답게 보내지도 않는다. 나만의 프로젝트를 하나 더 만들고, 틀어박혀서 일하고 글 쓰고 밀린 프로젝트를 하며 휑한 공백을 열심히 채운다. 내게 부여된 목적과 충만함을 되찾는 월요일이 올 때까지.

다육식물

 다육식물은 빨리 키우겠다고 물을 많이 주면 안 된다. 그런다고 빨리 크지 않는다. 오히려 물이 흥건해져 뿌리가 썩는다. 그러면 식물이 죽는다.
 잎은 자라면서 점점 바깥쪽으로 이동하고, 때가 되면 말라서 떨어져 나간다. 걱정할 필요 없다. 바깥쪽 부분은 원래 떨어져 나가게 되어 있다. 다육식물이 생존을 위해 자원을 배분하는 방식이다.

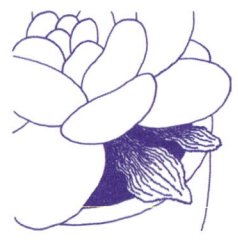

시간이 지나면 새잎이 자라난다. 새잎은 항상 중심에서 돋는다. 더디지만 시간을 두고 관찰하면 매일 아주 조금씩 자라는 모습을 볼 수 있다. 시간이 흐르고 나면 확연히 자라 있을 것이다.

다육식물을 번식시키려면 밑동에서 건강한 잎 하나를 떼어내는 방법이 있다. 잎을 구부리면 줄기에서 떨어져 나온다. 떨어진 잎을 따로 두어 말린다. 시간을 충분히 주고 조건을 알맞게 맞춰주면 떨어진 잎의 상처 부위에 딱지가 생기고 밑동에서 뿌리가 자라나기도 한다고 들었다. 그것

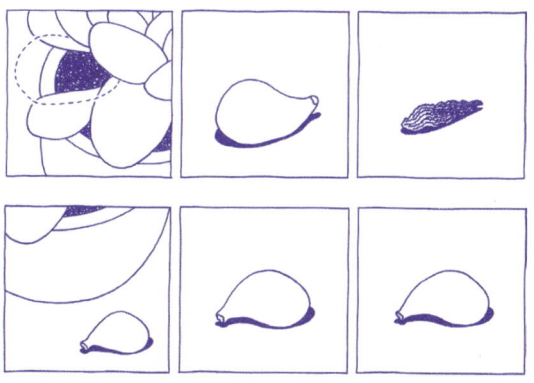

을 흙에 심으면 다육식물이 새로 자랄 수도 있다고. 나는 한 번도 성공한 적이 없다. 떼어낼 때가 안 된 잎을 항상 섣불리 떼어내서 죽게 만드는 것 같다. 내가 떼어낸 잎은 항상 말라버리고 만다.

   가끔은 아직 통통하고 건강한 잎이 아무런 힘을 주지 않았는데 저절로 떨어지기도 한다. 바짝 마르지도 않았고 바깥으로 밀려나지도 않은 푸르고 건강한 잎인데 때 이르게 떨어진 느낌이다. 그런 잎은 따로 두자. 결국은 말라버릴 수도 있다. 마침내 바깥쪽 잎의 길을 가려는 듯, 원래 그럴 운명이었는데 어쩌다 일찍 떨어졌을 뿐이라는 듯. 그런가 하면 말라버리지 않을 때도 있다. 그런 잎은 새 화분, 새 흙에 옮겨 심어 새 식물로 키워야 할 운명이다. 가끔은 저절로 떨어져 나간 것이 나름의 뿌리를 틔우기도 하는 법이다.

그 일이 실제로 일어났다

나는 좋은 일이 있을 때 그 일이 '실제로 일어났음'을 인정하면 의심과 불안의 수렁에 빠진다. 그래서 좋은 일이 실제로 일어났다는 것을 인정하지 않고 그냥 무심하게 지나가는 습관이 있다.

한번은 '누가 봐도 멋지고 좋은 일'이 있었는데 한 친구가 나더러 축하하는 시간을 가질 거냐고 물었다. "에이, 축하는 무슨!" 하고 코웃음 쳤는데 그렇게 말한 게 지금도 마음에 걸린다. 바보 같은 질문이라는 뜻으로 그런 건 아니다. 습관상 뭔가를 축하한다는 개념 자체가 워낙 낯설어서 그랬다. 축하한다면 실제로 일어났다는 거고, 실제로 일어났다면 내가 잘못해서 망칠 수도 있는 거고, 잘못해서 망치면 없던 일로 돌아갈 테고, 없던 일로 돌아가면 내가 망쳤다는 걸 남들이 다 알게 될 테고, 그런 생각을 하면 워낙 불안해져서 더 망치기 쉬워지고 망칠 가망성이 커지는 듯하다. 그러니 좋은 일이 있을 때는 그냥 무시하고 아무

일 없는 듯 지나가는 게 대개 상책이었다. 괜히 일을 망치는 온갖 가능성을 상상했다가 상상을 현실로 만들 필요는 없으니까.

그렇게 하면 불안감에 사로잡혀 아무 일도 못 하는 현상은 막을 수 있지만 좋은 일이 일어났을 때 제대로 만끽할 수가 없다. 아니, 좋은 일이 일어났다는 것조차 제대로 인지하지 못한다.

어떤 일이 '실제로 일어났음'을 축하하지 못하는 이유가 또 하나 있다. 축하하면 비판적으로 보지 못할까 봐 두렵다. 비판적으로 보지 못하면 잘할 수가 없을 것 같다. 그렇지 않다고 생각하려고 애쓰고 있긴 하다. 즐거워하면서도 얼마든지 비판적 태도를 유지할 수 있다고. 애정이 있으면 더 세심해질 거라고. 굳이 두려움이나 불안감의 힘으로, 또는 내가 객관적이고 초연하다는 착각의 힘으로 비판적 태도를 유지해야 하나?

뭔가와 정말로 사랑에 빠지면 한층 더 세심하고 꼼꼼하게 챙기게 되지 않나? 사람이 세상 만물을 다 사랑하진 않잖아. 뭔가를 사랑한다는 것은 아주 구체적이고 섬세한 감정이다. '이걸 믿지 않게 만들려면 어떻게 해야 되나?' 하는 식으로 냉소적으로 접근하기보다는 '내가 어떻게 했길래 이것에 푹 빠져들었을까?' 하는 식으로 즐겁게 다가갈 수도 있을 것이다.

　즐겁게 접근해보려고 하지만, 역시 쉽지 않다. 뭔가를 사랑하고 있다는 사실도 나로서는 '실제로 일어났음'을 인정하기 힘든 것 중 하나라서.

"죄책감이 어떤 식으로 도움이 되지요?"

스스로 들인 습관이 하나 있다. 나 때문에 주변 사람이 계속 실망하고 있다는 식으로 생각하는 것이다. 그래야 부담감 때문에 일을 확실히 끝내니까. 건강한 방법이 아니라는 건 알지만 효과는 있다. 매번 남들의 기대를 저버린다, 다들 나 때문에 늘 실망한다는 식으로 생각하면 더는 실망시키지 않아야겠다 싶고 그래서 덜 실망시키려고 더 열심히 하게 된다.

그렇게 하면…… 생산적으로 사는 것 같기도 하고. 그러다가 죄책감이 충분히 고조되면 죄책감을 길잡이 삼아서 지금 이 순간 무슨 일을 해야 하는지 판단한다. 죄책감을 떨칠 수 없는 문제 위주로 처리하는 것이다.

심리치료사가 "그런 죄책감이 꼭 필요한가요?"라고 물으면 "아, 그럼요, 없으면 아무 일도 못 해요"라고 한다.

그러면 "즐거움을 동력으로 삼을 수는 없을까요?"라는 질문이 돌아온다.

나는 잠깐 생각했다가 대답한다. "글쎄요, 죄책감이 고조되었다가 일을 끝내서 죄책감을 해소하면 안도감이 좀 들기도 해요."

즐거운 감정을 어떻게든 활용해보려고 해도 지금까지는 그 정도가 내 최선이다.

갈망에 대하여

내가 살아가면서 가장 생산적으로 보낸 몇 해는 가장 외로웠던 시기이기도 하다. 외로움이 생산성에 꼭 필요한지는 모르겠지만 외롭지 않으면서 생산적이던 해가 없으니 비교해볼 기준이 없다. 애초에 '가장 생산적'이었는지를 한 해의 목표로 삼아서는 안 된다는 걸 알면서도 습관이 그렇게 들어서인지 비생산적으로 시간을 보내는 것보다 고독하게 보내는 쪽이 더 편하다.

일을 할 수 없을 때는, 가령 밖에서 친구를 만나거나 누구와 대화하거나 이동중이거나 마트에서 장을 보거나 세탁하거나 식사할 때는 뭔가 근질근질하고 허전한 갈망이 느껴진다. 그 기분은 다시 일을 시작할 때까지 사라지지 않는다.

그 대상이 사람이라면 그런 마음을 사랑이라고 할 수 있을 듯싶다.

하지만 이 기분을 그런 이름으로 부르는 건 아무래도 아닌 것 같다.

부자연스러운 말

사람이 원래부터 가진 특성을 마치 돈이나 물자처럼 표현하는 말이 있다. 이를테면 '정성을 **들이다**' '시간을 **소비하다**' '노력을 **낭비하다**' 같은 표현인데, 그런 말을 주의하려고 한다.

나도 모르게 그런 표현을 쓸 때마다 제동을 걸고 다른 말을 쓰려고 한다. 이를테면 '정성을 **베풀다**' '시간을 **나누다**' '노력을 **기울이다**' 등. 그런데 그런 말을 대신 쓰려고 하면 순간적으로 저항감이 든다. 나의 것을 어딘가에 '소비'하고도 대가가 보장되지 않는 말을 쓰기 꺼려진다. 나도 그런 마음이 드는 게 싫고, 다 일과 생산과 상품화를 숭상하는 문화에서 학습된 반응임을 알지만, 그래도 보상의 약속 없이 내가 가진 것을 내준다고 말하려면 뭔가 부당하게 뜯기는 듯한 느낌이 잠시 스친다.

그런 표현을 쓰다 보면 인간이란 각자가 원래 가진 자원을 채굴하여 가치를 창출하는 기계에 불과하다는 식으로 우리도 모르게 생각하게 된다. 하지만 언어의 얄궂은 장난일까, 내게 소비할 수 있는 자원이 원래부터 갖춰져 있다고 생각하면 왠지 마음이 편해지기도 한다. 내가 가진 것을 얼마든지 베풀고 나눌 수 있다고 생각할 때는 느껴지지 않던 위안감이 느껴지고, 그런 위안감이 싫다.

선인장

9학년 때 갑자기 선인장이 갖고 싶어졌다. 마트 출입문 근처에서 가끔 화초를 팔았는데, 거기서 유달리 통통하고 동그란 선인장이 눈에 띄었다. 한 번도 선인장을 갖고 싶다고 생각한 적이 없었는데 녀석을 보고 있으니 기분이 너무 좋았다. 부모님께 사달라고 했더니 잘 돌볼 수 있겠냐고 물었다. 그러겠다고 약속하고 집으로 가지고 와 침대 옆 탁자에 두었다. 한 달에 한 번 정도 물을 줬고, 부모님이 물 주라고 할 때도 물을 줬다. 그 선인장이 너무 좋았다. 선인장 덕분에 행복했다.

그런데 선인장에 진드기인지 조그만 거미인지 모를 뭔

가가 들끓었다. 나는 슬픔에 빠졌다. 선인장이 죽어간다고 생각했고 살릴 가망이 없을 것 같았다. 부모님이 돌보겠다고 하고는 당신들 방으로 조심스럽게 들고 갔다. 그 후 얼마 지나지 않아 나는 선인장을 잊었다. 부모님이 한 번도 선인장 이야기를 하지 않았기에 죽었으리라고 짐작했다. 몇 년 후에 집을 나갈 때 머릿속에 선인장 생각은 조금도 남아 있지 않았다.

얼마 전 부모님 집에 갔을 때였다. 부모님, 남동생과 함께 외출했다가 옛날 어렸을 때 수백 번은 지나다닌 식물 가게 앞을 지나쳤다. 동생에게 식물을 하나 사주고 싶어서 처음으로 그 가게에 들어가려고 했다. 동생은 그런 걸 왜 사냐고 투덜거리면서 자기는 식물을 키워본 적이 없고 왜 키우는지도 모르겠다고 말했다. 아련함에 젖어 "내가 옛날에 키운 선인장 생각나?"라고 물었는데, 아버지가 "지금도 있어"라고 하는 거다.

집에 돌아가니 아버지가 선인장을 보여주었다. 내가 집을 나가고 얼마 후에 거실로 옮겨서, 책상 뒤 가려진 자리에 창을 향해 놓아두었다고 했다. 세월이 흐른 후 다시 만난 선인장은 키가 크고 구부러진 모습이었다. 창 쪽으로 비스듬하게 휘어졌는데, 밑동은 쪼그라들고 바짝 말라 나무처럼 딱딱해진 반면 새로 자라난 윗부분은 여전히 파랗고 굵직했다. 딱딱한 밑동에서 통통하고 동그랗게 불룩 튀어 나온 모습이, 마치 처음의 통통하고 동그랗던 몸이 빛을 향해 점점 상승하고 있는 것처럼 보였다.

무척 놀라웠다. 동그란 선인장은 동그란 모양 그대로 커질 줄 알았는데 이렇게 삐딱하고 기우뚱한 기둥 모양이 됐다는 게 놀라웠고, 또 아직 살아 있다는 게 놀라웠다.

선인장을 까맣게 잊은 게 미안했고, 또 내가 그렇게 쉽게 잊어버린 녀석을 부모님이 쭉 보살펴주었다니 미안했다. 그러다가 미안함이 눈 녹듯 사라지고 부모님에 대한 존경과 고마움이 밀려왔다(그러고 나니 고마움을 뒤늦게야 느꼈다는 게 또 죄송스러웠다). 지금 눈앞에 있는 기다랗고 구부러진 선인장은, 한때 내게 그토록 소중하던 녀석을 부모님이 십 년간 돌봐준 결과다. 죽은 줄 알고 기억에서 잊었지만, 부모님은 진드기인지 거미인지 모를 뭔가를 깨끗이 치료하고 지금껏 키워온 것이다.

선인장을 다시 만나면서 난생처음 어떤 깨달음이 밀려왔다. 부모님이 집에서 식물을 키운다는 사실이다. 물론 알고는 있었다. 내가 클 때 우리 집에는 항상 식물이 있었고 부모님 집에 갔을 때마다 식물이 있던 것을 기억한다. 하지만 왜일까, 부모님 집에 서 있던 그 순간, 그제야 비로소 식물이 제대로 눈에 보이는 듯했다.

한 모퉁이에는 키가 껑충하고 비리비리한 파키라가 자리를 온통 차지하고 있다. 어수선한 잎과 가지가 천장에 닿아 구부러져 있다. 키가 너무 커버려서 더 자라고 싶어도 자랄 수 없는 처지를 한탄하는 듯하다.

염자라는 커다랗고 오래된 식물은 화분이 비닐에 싸인 채 종이 박스에 담겨 창가에 놓여 있다. 이 녀석은 위로 자랄 생각이 전혀 없는 듯 뻣뻣한 가지를 모두 바깥으로 뻗고 있어 엄청나게 넓은 자리를 차지하고 있다. 소파와 TV 사이의 공간을 저 혼자 다 점령할 셈인 듯하다.

마트에서 선인장을 처음 봤을 때, 그리고 집에 가지고

왔을 때 무척 신난 기억이 난다. 식물을 키우는 기쁨을 우리 가족 중 내가 처음 발견한 것 같은 기분이었다. 집에 부모님이 키우는 식물이 늘 빼곡했고 내 선인장보다 훨씬 전부터, 심지어 내가 태어나기 훨씬 전부터 식물이 있었는데도 그런 생각은 전혀 하지 않은 것이다. 어떻게 지금까지 그걸 모를 수 있었는지, 어떻게 한 번도 제대로 본 적이 없었는지 나도 모르겠다. 아마 나와 직접 연관이 생기기 전까지는 부모님이 식물을 키운다는 것도, 식물을 돌본다는 것도 실감하지 못했나 보다.

멋진 아이디어가 생각나서 부모님께 말씀드렸다. 나중에 언젠가, 부모님의 염자에서 가지 하나를 잘라 옮겨 심고 내 아파트에서 새로 키우는 거다. 그러면 부모님이 날마다 보살피는 식물의 자손을 내가 날마다 보살필 수 있다. 부모님이 돌보던 식물의 일부를 키움으로써 아주 미약하게나마 부모님을 돌봐드린다는 느낌이 들 것 같다.

부모님이 웃으면서 당신들도 처음에 그런 식으로 염자를 얻었다고 했다. 친한 옛 친구에게서 자른 가지를 받아 와 키웠다고.

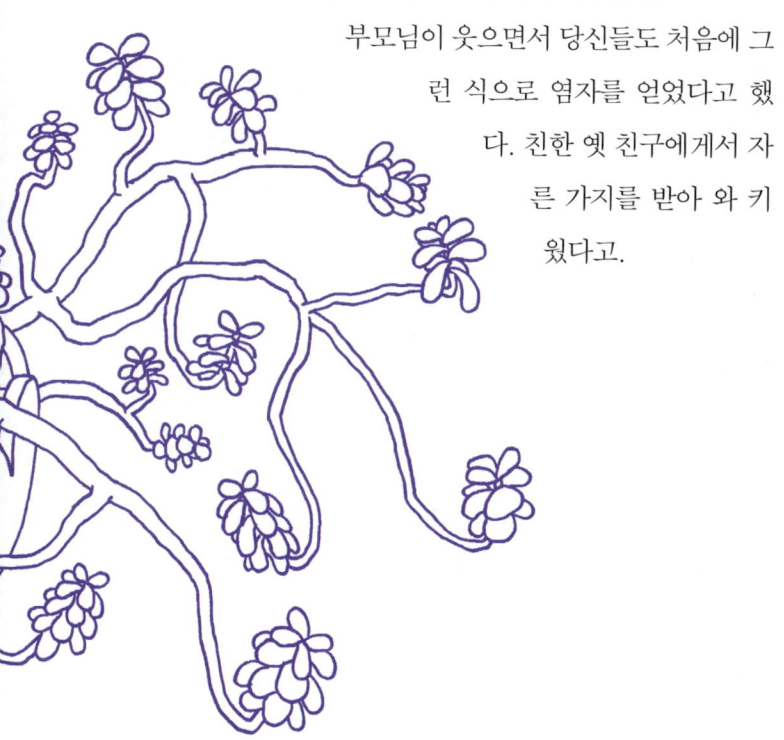

친구 집에서 묵는다는 것

내 친구들은 대부분 먼 지역에 사는데, 그래서 어떤 특별한 고마움이 있다. 근처에 살면 매일같이 봐야 할 텐데 그렇지 않아서 다행이라는 말은 아니다. 어디 갈 일이 있으면 친구 집에서 묵을 수 있으니 다행이라는 뜻이다. 잘 모르는 도시에 갈 때마다 친구 집에서 묵는 걸 좋아한다. 그러면 친구와 특별하게 친해지는 기분이 들고, 특별한 편안함이 느껴지기도 한다.

집이라는 것이 그 사람을 물리적, 외적으로 대변하는 물체라면 친구 집에서 묵는다는 것은 친구와 함께 지내는 일일 뿐 아니라 친구의 분신 속에서 지내는 것이기도 하다. 친구의 외적 현현에 둘러싸이는 셈이다.

친구 집에서 묵을 때, 밤에 잘 자라고 말한 후 아침에 잘 잤냐고 인사할 때까지 낯선 정적이 깔린다. 그 정적이 낯설게 느껴지는 이유는 나의 정적이 아니라 친구의 정적이기 때문이다. 어둠 속에서 소파나 에어매트 또는 손님방에 누워 있으면 마치 친구가 날마다 느끼는 일상의 정적을 내가 잠시 빌린 느낌이다. 친구의 슬픔을, 외롭고 고요한 순간을, 휴식을 빌려 쓰는 셈이다.

주변에 놓인 친구 물건의 존재가 느껴진다. 친구의 식물, 친구의 책, 친구가 고른 가구, 친구가 딱히 고르진 않았지만 쓸 만해서 가지고 있는 가구.

그런 물건에는 그 사람이 담겨 있다고 생각한다. 우리는 어찌 보면 우리가 가진 물건에 우리 자신을 담는다. 우리를 정의하고 우리가 어떤 사람인지 기억하기 위해서다.

아침이 되면 물건은 주인을 살아 움직이게 하고 자신이 어떤 사람인지 상기시켜준다. 친구의 물건 주변에서 눈을 뜨면 친구의 물건이 나를 살아 움직이게 하는 것 같은 기분이 든다. 평소의 나와 조금은 다른 모습이 된다. 잠에서 깬 나에게 힘을 불어넣고 나를 다시 하나로 모아주는 것이 내 물건이 아니라 친구의 물건이기에 어느 정도는 내 친구가 '되어' 깨어나는 느낌이다. 친구처럼 하루를 시작한다. 내가 아닌 다른 사람으로 하루를 시작한다는 건 무척 드문 경험이다. 그런 경험을 통해 친구와 한결 더 가까워진 느낌이 든다.

참 좋은 일이지만, 그렇게 친구 집에 머물면서 가까워지고 난 다음에는 어쩔 수 없이 떠나야 한다. 친구 집을 떠나고 친구가 사는 도시를 떠난다. 만나면 헤어질 수밖에 없으니까. 친구가 매일 자기 집을 떠나는 것처럼 나도 친구를 떠나고, 앞으로 당분간은 친구와 이렇게 가까운 감정을 느끼지 못할 테다. 친구를 찾아갔을 때는 볼 수 있는 날이 며칠밖에 없으니 가까움을 느낄 수 있는 시한이 정해져 있었지만, 떠난 후에는 몇 달, 아니 몇 년이고 서로 연락하지 않기도 한다. 메시지 한 통이면 연락이 되지만 그렇게 가까이 연결되어 있으니 언제든 대화할 수 있다는 생각에 특별히 연락해야 할 긴급함이 느껴지지 않는다. 그래서 우리는 연락을 미룬다. 또 미루고, 계속 또 미룬다.

'우정'

'우정이란 이런 것이어야 한다'라는 압박감에서 좀 벗어나려고 한다. 친구가 나와 다른 도시에 산다면 서로의 도시를 지나갈 일이 있을 때 일 년에 한 번쯤 보는 것으로 충분하지 않을까? 같은 도시에 살더라도 둘 다 이런저런 일에 파묻혀 정신이 없으면 일 년에 한 번 만나 커피 마시는 것으로 충분하지 않을까? 우정이란 과연 무엇인지 항상 아리송했지만 때로는 이런 걱정이 든다. '이건 우정이라기엔 좀 부족하지 않을까?'

내 친구 중에는 세 번밖에 직접 만나지 못한 사람도 있다. 소셜미디어를 통해 알게 되어 서로 존경하는 마음에서 만났고, 일주일에 몇 번 정도 문자메시지를 주고받아 무척 가깝게 느껴지는 친구들이다.

친구라면 직접 자주 만나야 하는 걸까? 카페에서 하루에 몇 시간씩 함께 노닥거려야 할까? 매일 대화해야 할까? 문자메시지로 나눈 대화도 포함되나? 단체 채팅방에서 가끔 전하는 안부 인사도 포함되고? 메시지에 답장받지 못한 경우도 연락한 건 맞으니까 포함될까? 나는 친구가 답장하지 않는다고 언짢아하지 않는다. 나도 종종 그러니까. 바쁜 일이 있을 수도 있고, 할 말을 빠뜨리지 않고 넣은 메시지를 작성할 엄두가 당장은 나지 않을 수도 있다.

우정이란 어때야 한다는 내 생각은 과연 누구 또는 무엇에서 기인할까? 그런 걸 어디서 배웠고, 왜 경험을 믿기보다 그런 학습된 기준에 권위를 부여할까? 인터넷도 없던 수십 년 전에 어린이 TV 프로그램을 보고 우정의 기준을 내면화했을까? 세상은 어린이 TV 프로그램이 전혀 예상하지 못한 모습으로 바뀌었는데 내가 그 기준을 계속 붙잡고 있는 걸까? TV나 각종 미디어 또는 남들의 우정 이야기를 통해 학습한 우정의 요건에 부합되지 않으면 '진정한' 친구가 아닌 걸까? 아니면 그런 기준 때문에 괜히 죄책감만 드는 걸까? 소중한 사람과 지금 나누고 있는 관계로는 부족하고, 앞으로도 결코 충분하지 않으리라는 걱정이 괜히 드는 걸까?

어쩌면 '우정은 이런 것이어야 한다'라는 기대 때문에 지금 유지중인 우정을 오히려 망치고 있는지도 모른다. 지금처럼 일주일에 몇 번 문자메시지를 보내고, 일 년에 한 번 만나는 것으로 충분할 수도 있다. 그 정도면 충분히 우정이라 할 수 있는지도 모른다.

나나 친구들이나 삶의 모든 방면에서 열심히 일해야 한다는 압박에 짓눌려 있으니 그 과정에서 무엇이든, 또 누구든 밀려나고 희생되기 마련이다. 우정도 예외가 아니다. 다들 워낙 바쁜 데다 살아가는 것만으로도 벅차니, 모두 나름대로 최선을 다하고 있다고 생각한다.

그냥 내 상황에 맞게 우정을 무슨 이름으로 부르든 상관없지 않을까 하는 생각이다. 내 느낌에 우정인 것 같고, 내가 즐겁고 만족스럽다면 우정이 맞을 것이다. 우정이라고 불러도 무방할 것이다. 그 밖에 무슨 기준이 또 필요하겠는가?

아니면, 난 그냥 포기하려는 심산일까?

**대화하지 않은 지 여러 해가 지난,
어느 친한 친구와의 대화**

……어쩌면 그게
행복이겠지.

향수

 오래전 행복감을 느낀 순간에 대한 특유의 향수가 있다. 정작 그 당시에는 행복했다는 기억이 없는 순간이다. 아마 행복한 감정이 찾아왔다가 워낙 금방 사라져서 그런 기분을 느꼈다는 사실조차 잊은 것 같다. 그래서 실제로 행복했던 기분은 기억나지 않고 내가 당연히 행복했어야 하는 시간으로만 기억하고 있는 듯하다. 워낙 금방 왔다 가는 바람에 애초에 온 적도 없던 느낌이다. 아니, 어쩌면 행복감을 전혀 못 느꼈다는 게 사실에 더 가까울지도 모르겠다.
 기억나는 건 오로지 그 순간 느꼈던 불안과 걱정뿐이다. 행복감은 훨씬 나중에 찾아온다. 세월이 흐른 후 걱정과 불안이 모두 기우였다는 게 확실해지면 마침내 안심하고 행복해해도 되겠다는 생각이 들면서 비로소 행복감이 찾아온다. '실제로 일어난' 좋은 일이 어그러지지도 않았고 내 손에서 달아나지도 않았다. 내가 뭘 잘못하거나 이튿날이나 다음 달, 아니면 몇 년 후에 무슨 안 좋은 일이 일어나

허사로 돌아가지도 않았다. 그때의 기억이 고스란히 유지되고 있다. 좋은 일이 '실제로 일어난' 게 맞다. 그러면 이제 시간이 충분히 흘렀으므로 안심하고 말할 수 있다. "그래, 그때 얼마든지 행복해해도 되는 거였어." 그러면 마치 그때 실제로 행복해했던 것과 어느 정도 비슷한 느낌이다.

이제 과거를 돌아보면서 안심할 수 있으니까. "이제 끝난 일이고 일어난 일이니 행복감을 마음대로 느껴도 돼. 이제 행복해해도 돼. 행복해한다고 해서 문제 될 것도 없고, 결과가 바뀔 일도 없고, 걱정처럼 잘못될 일도 없어. 이미 일어난 일이니까. 과거에 박제된 사건이야. 그때의 기억이 마침내 돌처럼 굳어진 거야."

이런 향수는 대체 뭘까? 행복감이 지나간 다음에 남은 잔향일까? 아니면 오랫동안 미뤄온 행복감을 마침내 느끼는 것일까? 당시에 마땅히 느껴야 했는데 실제로는 그러지 못한 행복감을 애서 재현해낸 스케치일까? 아니, 어쩌면 향수란 지나간 일이 이미 끝났기 '때문에' 느껴지는 행복감인지도 모른다. 과거의 일에서 그런 행복을 느끼려면, 되돌아가서 바꿀 수 없는 일이어야 한다. 이제는 어떻게 해도 망칠 수 없는 일이어야 한다. 동시에, 이제는 제대로 느낄 수도 없는 일이어야 한다.

넌 옛날에 참 행복한 아이였는데

어머니가 가끔 한숨 지으며 이렇게 말할 때가 있다. "넌 옛날에 참 행복한 아이였는데." 그 말에서 아쉬움의 대상은 어느 쪽일까? "옛날에 아이였다"라는 건 그 자체로 슬픈 일인 것 같기 하다. 세월의 흐름은 보통 슬프니까. 하지만 아기를 제외하면 누구나 옛날엔 아이였으니 그렇게 슬픈 일인 것 같진 않다. 아마도 "옛날에 행복했다"라는 데 방점이 있으리라. 그러니까 "이제는 왜 행복하지 않니?" 하고 묻는 말이다.

최근 안 사실인데 어머니가 동생의 어린 시절을 이야기할 때는 보통 이렇게 말한다. "넌 항상 참 행복한 아이였어."

유레카

흔치 않은 일이지만 아침에 신기하고 독특한 아이디어를 떠올리며 잠에서 깰 때가 있다. 마치 뇌가 아침이라는 데드라인을 맞추기 위해 밤새 아이디어를 궁리한 듯한 느낌이다. 뇌는 이렇게 외치면서 나를 깨운다.

됐어, 내가 해냈다고. 내가 널 위해 굉장한 아이디어를 생각해냈어!

침대에서 일어날 때쯤이면 외침이 이렇게 바뀐다.

그래, 뭐 허점이 좀 있긴 한데 나로선 그게 최선이었어. 네가 의식적으로 나한테 이래라저래라 지시하지 않을 때 혼자 생각해낸 거잖아.

그러다가 시간이 좀 지나면 이렇게 바뀐다.

알았어, 미안해. 굉장한 아이디어는 아니지만 그래도 아주 의미가 없진 않잖아?

하루가 저물 무렵이면 아예 이런 식으로 바뀐다.

알았어, 알았어. 영 아니라는 거 나도 알아. 그래도 한번 해본 게 어디야. 너도 아침에 깼을 때는 굉장한 아이디어라고 생각했잖아? '쥐라기 공원인데 공룡 대신 거대 개구리가 활보한다'라는 아이디어, 너도 좋다며?

그런 식으로 떠오른 아이디어는 '혹시라도' 좋은 아이디어일 가능성에 대비해 최대한 오래 붙들고 생각해보지만, 결국 냉정한 판단을 내릴 수밖에 없다. 이럴 때 내 뇌가 하는 짓은 내가 데드라인에 맞추느라 시원찮은 결과물을 허겁지겁 제출하면서 마치 철저히 심사숙고한 결과인 양 포장하는 모습과 똑 닮았다.

설령 말이 안 되는 아이디어라 해도 내겐 의미가 있다. 뭔가를 찾아냈다는 것 자체가 기분 좋다. 찾아낸 것이 알고 보니 아무것도 아니어도 괜찮다. 뇌가 꿈속에서 비록 쓸 만한 아이디어는 못 내놓았어도 짜릿한 감정을 느끼게 해준 셈이다. 낮에 깨어 있을 때 그런 느낌이 들면 행복하다. 궁리 끝에 정말로 뭔가 제대로 찾아냈을 때 말이다. 역시 나는 일을 통해 가끔 행복해지는 사람인가 보다. 잠에서 깰 때보다, 잠들 때보다 꿈꿀 때보다 그럴 때 더 행복하다. 그리고 그런 내 모습이 영 찜찜하다.

평온함

데드라인도 내게 어떤 행복감을 준다. 일종의 평온함이다. 데드라인이 다가온다는 것은 어찌 보면 평온한 상황이다. 삶의 변수를 모두 단순화하는 느낌이랄까. 데드라인과 관련 없는 일은 모두 존재가 희미해지고 만다.

데드라인이 없으면 내 앞에 놓인 시간이 너무 막연하게 느껴져서 마음이 편하지 않다. 자유로움에 오히려 숨이 막힌다. 마치 '쓸 수 있는 시간'이라는 커다란 빈 캔버스를 바라보면서 최적의 활용 방안을 찾아야 하는 듯한 기분이다. 시간을 어떻게 써야 하나? 그 방법을 찾는 작업에 착수하는 데만도 너무 많은 노력이 든다. 시간을 쓸 수 있는 방법도 너무 많고 가능성도 끝이 없으니 압박감이 너무 크다. 엉뚱한 일로 시간을 보내면 어쩌나? 기회를 다 날려버리면 어쩌나? 지금 일해야 할 때인가? 무슨 일을 해야 하나? 지금 쉬어야 할 때인가? 어떤 방법으로 쉬는 게 가장 좋을까? 어떻게 해야 가장 많이 쉴 수 있나? 그런데 쉬는 시간도 뭔가 일을 하는 데 쓸 수 있지 않나? 이런 식이니, 시간의 용도가 구체적으로 정해져 있어야만 마음이 평온해진다. 막연한 시간을 앞에 두고는 아무 일도 못 한다. 어떻게 시간을 활용해야 가장 보람 있을지 머릿속에서 계산하고 계획하고 결정을 내리려다가, 문득 정신을 차리면 하루가 다 지나가 있다. 무한한 가능성에 압도되어 결국 하루를 날려버리는 셈이다.

하지만 마감일이 되거나 마감일이 다가오면 모든 고민거리가 사라져버린다. 데드라인에 모든 것이 가려지면서, 당장 시급한 문제에 마법처럼 오롯이 집중할 수 있다. 내가 시간을 최대한으로 활용하고 있지 않다는 두려움이 잦아들고 마음이 편해진다. 마법의 실체는 압박감일 뿐이지만, 막연한 시간을 앞에 두고 느끼는 압박감과는 종류가 다르다. 데드라인의 힘을 빌려 시간의 용도를 확정했을 때 마음이 평온해지는 이유가 있다. 데드라인이 닥치면 시간을 활용할 방법도, 압박감을 덜 방법도 하나뿐이기 때문이다. 그러니 시간을 어떻게 활용할 것인가 하는 '방법'의 고민을 끝내고 마침내 시간을 활용하게 된다.

내 마음이 평온해지려면 외적 조건이 충족되어야 한다는 사실, 그리고 내게 필요한 그 외적 조건이 '일'이라는 사실이 개운치 않다. 그러나 데드라인은 온갖 스트레스를 유발하면서도 이렇게 호언장담한다. "다른 건 걱정하지 마. 중요한 건 이거야. 내 말 믿어." 난 그 말을 기꺼이 믿는다. 마음을 위안해주는 그 거짓말을.

휴식을 향해 달리기

하룻밤을 새우거나 여러 날을 밤늦게까지 일하고 나야 비로소 이제 쉴 수 있겠다는 느낌이 든다. 신체적, 정신적으로 소진되어 도저히 제대로 일할 수 없는 지경이 되어야 어쩔 수 없이 하루를 쉬는 편이다.

그러다 보니 스스로 녹초가 되길 짐짓 기대하는 습관이 들어버렸다. 얼이 나갈 정도로 지쳐버리는 게 좋다. 그래야 휴식 비슷한 걸 할 수 있으니까.

슬프게도 이런 방법이 아니고선 나를 쉬게 놔두지 못한다. 휴식이 생산적이라고 생각되는 것은 그때뿐이니까. 그도 그럴 것이, 그때는 쉬지 않고선 다시 일할 수 있는 몸 상태로 돌아갈 방법이 없다.

블록 쌓기

삶이란 건물을 짓는 것과 비슷한 느낌이어야 하지 않을까. 블록을 차곡차곡 쌓아 기초를 다지고, 그 위에 구조물을 올리고, 그 위에 지붕을 얹어서 집이라든지 학교라든지 도서관처럼 뭔가 안정적인 건물을 짓는 식으로. 그런데 그보다는 테트리스 게임을 하는 느낌이다.

테트리스가 늘 무척 흥미로웠다. 테트리스를 모르는 사람한테 아무 설명 없이 바둑판 모양의 공간과 다양한 모양의 블록을 주었다고 하자. 대부분은 게임의 목표가 블록을 잘 맞물리게 놓아서 비어 있는 공간을 채우는 것이라고 생각하지 않을까? 나 역시도 어릴 때 사촌 집에서 테트리스를 처음 해보며 당연히 그게 목표이리라고 생각했다. 그런데 여섯 살 꼬마이던 나의 눈앞에 뜻밖의 결과가 펼쳐졌다. 블록을 잘 쌓아서 한 줄을 완성할 때마다 그 줄이 통째로 사라져버리는 게 아닌가. 내가 이룬 결과물이 증발해버린다니. 게임은 점점 어려워지고 블록은 점점 빨리 내려오는

데, 거기에 맞춰 더 열심히 블록을 맞춰봐도 역시 다 사라질 뿐! 어릴 때는 화면 귀퉁이에 게임 스코어가 숫자로 표시된다는 것을 알지 못했다. 그저 떨어지는 블록을 맞추느라 정신이 없고, 블록이 왜 계속 사라지는지 영문을 알 수 없었을 뿐이다. 화면에 블록을 채우고 안정된 구조물 비슷한 것을 지으려면 블록을 형편없이 쌓아야만 하다니? 도통 이해가 가지 않았다.

지금은 '일'이 거의 그런 느낌이다. 작업을 통해 나를 차곡차곡 쌓아 올리려 하는데, 과제를 하나 끝내고 나면, 블록을 한 줄 완성하고 나면, 안정적인 기초가 그만큼 쌓이는 게 아니라 작업물이 그냥 사라져버리는 느낌이다. 이미 과거의 작업이자 지나간 작업이 되어 내 정체감에 보탬이 되지 않는다. 나는 졸지에 다시 빈 공간을 마주하며 무에서 처음부터 다시 시작한다.

무슨 일이든 끝내고 나면 그 순간부터 내 일부가 아니게 되는 느낌이다. 내 안에서 밖으로 끄집어내고 나면 더는 내 것이 아니고, 나를 뚜렷이 대변하는 것 같지도 않다.

그래서 조금이라도 안정된 자아의식을 갖고자, 이제는 미완성된 작업물을 내 화면에 최대한 많이 남겨두려고 한다. 그걸 보면 '지금 나는 이런 사람'이라고 스스로 알 수 있다. 줄을 완성하지 않고 일부러 군데군데 비워둔다는 것은 쉬운 일이 아니지만, 그런 미완의 줄은 내가 일하고 있다는 증거고 내가 존재한다는 증거다. 그게 있으면 빈 화면을 우두커니 응시하는 기분이 들 일도 없고, 빈 공간을 또 어떻게 채우나 걱정할 필요도 없다.

하지만 그러기 위해선 늘 두려움을 안고 살아야 한다. 미완의 줄을 너무 많이 남겨두었다간 자칫 손쓸 수 없는 상황이 되어, 끊임없이 떨어지는 블록 때문에 화면이 꽉 차면서 게임이 끝나기 십상이니까.

살기 위한 일, 살아 있는 일?

무심코 일을 생명체처럼 생각할 때마다 알아차리고 경계하려고 한다. 일이 '부담을 준다'거나 '점점 커진다'거나 '관심을 요한다'는 건 무슨 뜻일까? 무생물에 생명을 부여하는 것은 항상 찬성이지만, 일을 의인화하는 것은 좀 다른 문제이고 위험한 발상 같다. 내가 일에 이렇게 생명을 부여하는 이유는, 또는 그런 습관이 든 이유는 내가 살려면 일을 해야 하는 사람이기 때문인 듯하다. 내가 삶을 살기보다 일을 해야 하는 쪽이라면, 내가 못 살 바에 일이라도 살아야 하지 않겠는가.

2부 천천히 가세요

에어플랜트

예전에 다른 지역으로 이사하고 나서 아직 낯선 환경에 적응하느라 힘들 때였다. 어떻게 해야 기분이 좋아질지 막막하던 중, 에어플랜트(틸란드시아)라는 식물을 샀다. 키우면 혹시 기분이 좋아질지도 모르고, 설령 도움이 되지 않는다 해도 키우기 쉬워 보였다. 가만히 두어도 잘 살 것 같았달까. 이름처럼 공기만 있으면 충분할 줄 알았다. 대대적인 조사를 벌이고 나서 알았는데, 에어플랜트도 다른 식물처럼 세심히 돌봐주어야 했다. 통상 분무기로 물을 주지만 그것으로는 모자라다. 한 가지 권고 방법은 일주일에 한 번씩 물에 푹 담그는 것이었는데, 담그는 시간은 종류에 따라 다르고 식물 키우기 웹사이트나 책에 따라 달라서 십오 분이

라고도, 삼십 분이나 사십오 분이라고도 했다. 에어플랜트는 본래 열대우림처럼 매우 습한 환경에서 자라는 식물이라 공기에서 수분을 많이 얻는다. 그러니 방처럼 별로 습하지 않은 환경에서 키우려면 수분을 많이 공급해주어야 했다.

이 방법의 한 가지 단점은 물방울이 식물 중심부의 빽빽한 잎에 고일 수 있다는 것이다. 그러면 밑동이 썩을 우려가 있다. 이를 막기 위해서는 물에 담갔다 꺼낸 후 거꾸로 놓고 말리면 된다. 속에 고인 물이 잎을 타고 흘러내려 증발하게 하는 것이다. 밑동을 조심스럽게 꽉 잡고 몇 번 확실하게 흔들어 물기를 털어주라고 권하기도 한다.

일주일에 한 번씩 에어플랜트를 물에 담그다 보면 마음이 차분해졌다. 차차 에어플랜트의 물기를 조심스레 턴 다음 뒤집어 놓고 말리는 일에 익숙해졌다. 그렇게 여러 달 키워나가던 어느 날, 물기를 털다가 그만 너무 세게 흔들고 말았다. 루틴에 너무 익숙해진 나머

지 조심해서 털어야 한다는 사실을 망각한 것이다. 중심부에서 자라나던 잎이 훨훨 떨어져 나가서 들여다보니, 가운데가 휑하니 비고 말았다. 나는 비명을 질렀다. 경악했다. 내가 이런 무지막지한 짓을!

에어플랜트는 물을 충분히 주지 않으면 잎끝이 갈색으로 변하면서 동그랗게 말려 들어간다. 다른 식물은 며칠 만에 그렇게 변해버리기도 하지만 에어플랜트는 몇 달에 걸쳐 아주 서서히 변한다. 식물이란 원래 움직임이 느리지만 그중에서도 유독 느린 식물이 있다. 내 에어플랜트도 물을 주지 않으면 이상이 나타날 때가 있어서, 잎끝이 갈색으로 변하는 것이 눈에 띄면 물 주는 주기를 살짝 조정했다. 그렇게 여러 달을 돌보며 키워오던 중 그날 사고가 나고 만 것이다.

순간적인 실수로 녀석이 죽은 것인지 아닌지 알 수 없었다. 색은 여전히 연녹색 그대로 변화가 없었고, 가운데에 잎이 좀 빠진 것을 빼고는 똑같은 모습이었다. 과연 얼마나 심각하게 다쳤는지 알려면 몇 달을 기다리면서 관찰해야 할 텐데 그러고 싶지 않았다. 아니, 그럴 자신이 없었다. 잎끝이 조금씩 꾸준히 갈색으로 변하고 말라가면서 녀석이 엄청나게 느리게 죽어가는 모습을 지켜보거나, 혹은 계속 그대로인 모습을 보면서 '괜찮은 건가? 죽지 않으려나? 굉장히 느리게 죽어가는 건 아닌가?' 하고 애태우거나 둘 중 하나일 테니.

그래서 녀석을 버렸다. 순간적으로 밀려오는 후회를 택한 것이다. 더디면서 더 뼈저린 고통을 택하고 싶진 않았다. 그랬으면 오래 질질 끌기만 하고 귀결은 아마 확실치 않았으리라.

계란 스크램블 만들기

- 계란
- 식용유 또는 버터
- 프라이팬
- 화구
- 추억

프라이팬을 화구에 올리고 약불로 가열한다.
살짝 달궈지면 식용유나 녹인 버터를 두른다.
그동안 계란을 깨서 그릇에 넣고 잘 풀어준다.
살짝 달궈진 프라이팬에 붓고 천천히 계속 젓는다.
계란물을 계속 젓는다.
계란물을 계속 젓는다.
계란물을 쉬지 않고 계속 젓는다.
계속 젓는데 변화가 없다면, 제대로 하고 있는 것이다.
앞으로도 무슨 변화가 있을 것 같지 않다면, 잘하고 있는 것이다.

　계란물을 계속 젓는다. 휘젓고 있는 계란을 응시하면서 차츰 모든 것을 잊는다. 존재하는 것은 오로지 계란물뿐. 휘휘 도는 계란을 주시한다. 한시도 멈추지 말자! 멈추면 계란이 눌어붙어 타버린다. 무조건 계속 젓자! 돌고 도는 계란을 뚫어지게 바라보면서, 내가 젓고 있다는 것도, 내 존재도 차츰 잊는다.

　노란 계란물에 정신을 집중한다. 프라이팬을 휘도는 계란처럼 내 마음도 빙빙 돈다. 이제 이곳은 계란의 세상. 모든 것이 계란이다.

　계란을 생각하며 휘젓는다.

　계란의 추억을 이리저리 휘젓는다.

차예단* 만들기

* 삶은 계란의 껍데기를 살짝 깨고 찻잎, 간장 등을 넣어 조린 중국 요리. 껍데기 틈새로 찻물이 스며들어 계란에 무늬가 생기는 것이 특징

- 계란
- 차(?)
- 갈색 유리 냄비
- 아버지

- 색칠 공부 책
- 장난감

식탁에서 책 읽고 그림 그리고 장난감을 가지고 논다.
진갈색 물에 계란이 가득 담긴 갈색 유리 냄비가 몇 시간째 보글보글 끓는 것을 지켜본다.
냄비가 갈색인 것은 진갈색 물 때문일까 생각해본다.
짭조름하고 진한 냄새가 주방에 감돌 때까지 기다린다.
아버지가 냄비에서 계란을 하나 꺼내는 것을 지켜본다.
껍데기를 깐 완숙 계란이 내 접시에 놓인다. 계란의 흰자 표면에는 온통 거미줄 같은 갈색 무늬가 그려져 있다.
반으로 가르면 익은 노른자가 나오는데, 노른자와 흰자의 경계선이 약간 회색빛이다.
매일 아침 먹는다.
맛을 음미한다.

날계란밥 만들기

- 계란
- 쌀

- 간장
- 어머니
- 동생
- 세계의 음식에 관한 초등학생용 비디오

학교 가는 길에 동생이 운동선수들은 날계란을 먹는다는데 우리도 먹으면 안 되냐고 묻는다.

운전석에 앉은 어머니가 날계란을 잘못 먹으면 병에 걸린다고 말한다.

방과 후에 동생이 흥분하여 오늘 수업 시간에 비디오로 봤다면서 다마고카케고한이라는 일본 음식의 요리법을 줄줄 읊는다.

1. 밥을 한다.
2. 갓 지어 뜨거운 밥에 계란을 깨어 넣고, 간장을 치고, 골고루 섞이도록 열심히 비빈다.
3. 뜨거울 때 먹는다.

동생이 갓 지은 밥이 아니라 찬밥에 날계란을 넣는다.

동생이 간장을 넣고 열심히 비빈다.

동생이 먹으면서 맛있다고 한다.

동생이 토한다.

어머니가 말한다. "거봐, 그래서 날계란 안 먹는 거야!"

계란찜 만들기

- 계란
- 물
- 간장
- 참기름
- 작은 그릇
- 큰 냄비
- 숟가락
- 어머니

토한다. 날계란을 먹어서가 아니라 독감에 걸려서. 앓아눕는다. 학교에 결석한다.

어머니가 계란 하나를 깨서 작은 그릇에 넣고 휘저은 다음, 물을 조금씩 넣으며 다시 휘저어 섞는다.

어머니가 큰 냄비에 물을 조금 넣고 끓인 다음, 계란 그릇을 냄비에 놓고 뚜껑을 덮는다. 계란이 증기에 익는다.

어머니가 냄비에서 그릇을 꺼내 내 앞에 놓는다. 그릇에 담긴 계란 표면이 매끄럽고 반반하다. 계란은 커스터드처럼 찰지고 부드러운 느낌이다.

간장과 참기름을 친다.

계란 같지 않게 매끄럽고 윤이 흐르는 모습에 신기해하며 먹는다.

몸이 조금은 나아진 기분이 든다.

완숙 계란 만들기

- 계란
- 간장(선택)
- 칠리갈릭소스(선택)
- 소금(선택)
- 후추(선택)
- 접시
- 아버지
- 컴퓨터 실습실
- 웹 만화

아버지가 주방에서 깨우는 소리에 늦잠에서 일어난다.

아버지가 삶아주신 완숙 계란 몇 개가 사 등분 되어 접시에 놓여 있다.

간장을 친다. 수탉 로고가 그려진 플라스틱 용기에 초

록색 뚜껑이 달린 칠리갈릭소스를 뿌려서 먹는다.

또는 소금과 후추를 쳐서 먹는다.

수업 사이 쉬는 시간에 컴퓨터 실습실에서 인터넷 서핑을 하다가 각종 계란 요리법이 설명된 웹 만화를 본다. 반숙이 뭔지 모른다. 서니사이드 업 계란프라이를 뒤집지 않고 한쪽 면만 익히는 방식도 모른다. 수란도 모른다.

만화에서 완숙 그림에 "한마디로 망한 요리"라는 설명이 달린 것을 본다.

완숙이 왜 문제일까 의아해한다.

천년계란* 만들기

*계란을 오래 삭혀서 노른자는 까맣게, 흰자는 갈색 젤리처럼 만든 중국 음식. 피단이라고도 함

- 천년계란
- 죽(선택)
- 간장
- 참기름
- 어머니

어머니의 단골 식당에서 죽을 주문해 죽에 든 천년계란

덩어리를 모두 먹는다.

아니면, 부모님이 장 보러 가는 차이나타운의 가게에 같이 가서 스티로폼에 포장된 천년계란 네 개짜리 팩을 집어 든다. 어머니에게 들고 가면 가끔 간식거리 삼아 사준다.

어머니가 천년계란을 숭덩숭덩 썰어 접시에 담고 간장과 참기름을 쳐서 준다. 먹는다. 맛을 음미한다.

정말로 천 년 된 계란이냐고 묻는다. 어머니가 뭐라고 설명하든 그대로 믿는다.

반숙 계란 만들기

- 계란
- 친구
- 식당
- 인터넷
- 물
- 증기
- 전자레인지 타이머
- 숟가락
- 연인

나이를 더 먹는다.

친구들과 브런치 식당에 가서 에그 베네딕트를 먹는다. 흐르는 노른자를 보고 처음엔 미심쩍어하지만 차츰 괜찮음을 깨닫고 맛을 들인다. 계란을 오버 이지_{계란프라이를 한쪽 면은 살짝만 익힌 방식로} 주문한다. 계란을 서니사이드 업으로 주문한다. 다음번 주문할 때 차질이 없도록 그런 용어의 뜻을 혼자 찾아본다.

흐르는 노른자를 좋아하게 된다.

집을 떠나 독립한다.

저렴한 양질의 단백질 공급원이고 냉장고에 오래 보관할 수 있으니 계란을 산다.

계란을 반숙으로 완벽히 삶는 각종 방법을 알아본다. 매일 아침 다른 방법으로 해본다. 아침마다 연구에 너무 몰두하다가 몇 시간이 훌쩍 지나간다. 문득 시계를 보면 오후 1시, 배가 엄청 고프다.

차가운 계란을 끓는 물에 넣지 않는다. 그러면 터지기 쉽다.

계란을 물에 담가 끓인 다음 불을 끄는 방법도 바람직하지 않다. 물이 식는 속도가 일정치 않으므로 매번 일정한 결과가 나오지 않는다.

작은 냄비에 물을 1센티미터 정도 높이로 담고 끓인다.

뭉근히 끓도록 불을 줄인다.

　냉장고에서 바로 꺼낸 계란을 냄비에 넣고 뚜껑을 닫는다.

　냄비에 차오른 증기로 계란이 쪄지게 놔둔다. 증기는 물과 달리 온도가 일정해서 찌면 결과가 일정하게 나온다.

　정확히 육 분 사십 초 동안 찐다.

　계란을 흐르는 찬물로 씻어 식힌다.

　숟가락으로 두들겨 골고루 깬 다음 껍데기를 깐다.

　한 입마다 간장을 조금씩 쳐가며 싱크대에서 먹는다. 라면에 넣어 먹는다. 퀴노아 샐러드에 얹어 먹는다.

　시간이 흘러 연인과 같이 산다.

　아침에 계란을 반숙으로 삶는다. 연인의 감탄을 사기 위해 하나하나 숟가락 뒷면으로 골고루 두들겨 세심하게 깬다. 그러면 껍데기가 달라붙지 않고 잘 까진다.

　연인이 왜 계란을 그렇게 까냐고 묻는다.

　"다 이렇게 까지 않아? 이래야 잘 까지는데."

　"아니, 그렇게 까는 건 처음 봐."

　그러고 보니 모르겠다.

　나는 왜 계란을 그렇게 깔까 생각해본다.

차예단 만들기

- 계란
- 차(?)

어렸을 때 차예단 먹던 기억을 잠깐 떠올려본다.
도로 잊는다.
일상으로 돌아간다.

계란 스크램블 볶음밥 만들기

- 계란
- 식용유
- 밥
- 프라이팬
- 휴대전화
- 부모님

어머니에게 영상통화가 걸려온다. 저녁으로 계란 요리를 하는 중이라고 말한다.

어머니가 잘 먹고 있냐, 고기도 같이 먹을 거냐, 채소도 충분히 먹냐, 탄수화물도 충분히 먹냐고 묻는다. 저녁으로는 볶음밥을 하면 어떠냐고 한다. 계란을 넣어 먹으면 된다고. "엄마 방식대로 해보렴. 아빠가 설명해줄 거다."

어머니가 아버지에게 휴대전화를 떠민다. 아버지가 계란 스크램블 볶음밥 만드는 법을 설명한다. 나는 볶음밥을 잘 안 해 먹고 지금 바빠서 설명을 듣고 있을 시간이 없지만, 듣는다.

"계란을 익히는 게 요령이란다. 밥을 볶은 다음 그 프라이팬에다가 바로 익히는 거지." 아버지가 말한다.

"강불로 볶아야 한다." 어머니도 목소리를 보탠다.

강불로 밥을 볶는다.

볶은 밥을 프라이팬 가장자리 쪽으로 밀어 가운데에 공간을 만든다.

프라이팬 가운데에 식용유를 두른다.

계란을 깨서 그릇에 넣고 푼 다음, 강불로 달군 프라이팬에서 뜨거워진 기름에 붓는다.

계란이 금방 익으므로 재빨리 요리한다. 계란을 얼기설기 몇 번 접고 말아서, 볶은 밥에 합쳐 잘 섞어준다.

그러면 덜 익은 곳 없이 고루 잘 익은 계란 스크램블이 완벽하게 만들어진다.

차예단 만들기

- 차예단 노점상
- 차예단
- 차(?)
- 연인
- 약혼반지
- 결혼반지
- 딤섬 식당
- 부모님
- 가족 단체 채팅방
- 친밀감

연인과 함께 차이나타운을 걷다가 뭔가 낯익은 냄새를 맡는다.
냄새를 따라가니 차예단을 파는 노점이다.
어릴 때 차예단을 참 많이 먹었던 기억을 떠올린다.
연인도 분명히 좋아할 거라는 생각에 들떠, 몇 개 사서 같이 먹는다.
생전 처음 새로운 음식을 맛보는 모습을 지켜본다.
시간이 흘러, 약혼한다.

또 시간이 흘러 결혼을 앞둔 어느 날 점심, 부모님에게 차예단 만드는 법을 물어본다.

놀랍게도 아버지가 무척 신이 났고 어머니가 요리법을 알려주면서 뿌듯해한다.

평소답지 않게 신나고 뿌듯해하시는 모습에 놀라서 설명이 하나도 귀에 들어오지 않았다는 걸 뒤늦게 깨닫는다. 그렇지만 부모님이 함께 요리법을 알려주는 모습이 워낙 보기 좋았기에 아무래도 좋다고 생각한다.

결혼하고 몇 달이 지나, 가족 단체 채팅방에서 차예단 만드는 법을 다시 묻는다.

평소처럼 아버지가 먼저 답한다. "알았다. 네 엄마 방법인데 내가 적어주마. 잘 따라 해야 한다. 며칠 뒀다가 먹는 게 제일 중요하니까 잊지 말고."

어머니가 끼어든다. "오래 놔두면 짠맛과 향이 너무 많이 배어서, 난 항상 바로 먹는다."

동생이 "푸핫" 한다.

아버지가 응수한다. "그래서 내가 한 번에 그렇게 많이 삶은 거야. 다 되기도 전에 당신이 먹어버리니까."

동생이 또 "푸핫" 한다.

나도 모르게 미소가 지어진다. 옥신각신하는 문자 대화를 보고 있으니 가족들과 한 방에 있는 느낌이다.

아버지가 문자메시지를 연달아 보내고 보내고 또 보낸다. 그리 복잡하지 않은 요리 같은데 설명이 너무 자세하다. 어머니가 옆에 앉아서 불러주는 말을 놓치지 않고 정확히 다 전달하려고 하기에 그러는 것도 있고, 내가 조금이라도 잘못 알아듣고 방법을 틀리게 해서 결과에 실망할까 봐 그러는 것도 있으리라.

그동안 잘못 알고 있었음을 깨닫는다. 차예단 만드는 법을 언젠가 혼자 저절로 알게 될 줄 알았다. 아니면 부모님 세대에서 내 세대로 은연중에 전해져서 저절로 습득하게 될 줄 알았다. 그런 건 아니었지만, 그냥 물어보면 되는 거였다.

차예단 만들기

- 계란
- 찬물
- 큰 냄비
- 숟가락
- 지난번 집에 갔을 때 아버지가 비닐봉지에 잔뜩 담아 준 홍차 티백

- 소금
- 팔각(선택)
- 산초(선택)
- 다양한 길이의 문자메시지 스물일곱 통

자, 보렴. 하나도 어렵지 않단다.

계란 열 개에서 스무 개 정도를 우선 찬물에 깨끗이 씻어. 껍데기가 더러우면 물이 더러워져서 계란이 지저분해지거든.

큰 냄비에 계란과 찬물을 넣고 끓이는데, 센 불로 해도 되지만 최대 세기로 할 필요는 없어. 끓기 시작하면 몇 분 정도 둔 다음(삼 분에서 오 분이면 적당) 불 끄고 냄비를 내리면 돼.

숟가락으로 계란을 꺼내고(차 만들 때 써야 하니까 뜨거운 물 버리면 안 된다) 그릇에 담고 싱크대에서 찬물로 식혀. 너무 세게 틀면 물 낭비니까 적당히 틀렴. 계란을 손으로 잡을 수 있을 만큼 몇 분 놔둬서 식혀(삼 분에서 오 분이면 적당).

계란이 식는 동안 끓여둔 물에 찻잎, 소금, 팔각, 산초(정확히는 화자오이지만 네 엄마가 산초라고 부르니 여기선 산초라고 하마)를 넣어. 향신료가 없어도 괜찮다. 그래도 만들 수 있어. 제일 중요한 건 찻잎과 소금이니까. 내가 준 티백을 쓰면 된단다. 네가 어디에 뒀을 거다. 그때 큰 봉지에 담아 줬는데, 갈 때 가지고 갔지? 진한 맛이 찻잎에서 나온단다. 항상 그렇게 만들어서 널 먹였지.

왜 냄비에서 차를 우리냐 하면, 계란을 도로 냄비에 넣고 짭짤한 찻물에 몇 시간 뭉근히 끓여야 하거든. 그러면서 풍미가 배고 간이 되고 맛이 드는 거야. 몇 시간 삶은 다음(세 시간에서 다섯 시간이면 적당) 찻물에 잠긴 계란을 냄비째 냉장고에 하룻밤 넣어두면 돼. 다 먹을 때까지 계속 냉장 보관해라. 날이 지날수록 점점 맛있어지니까 네 엄마처럼 이틀 만에 다 먹어버리지 말고. 참는 게 관건이란다. 며칠 푹 담가두렴(삼 일에서 오 일이면 적당).

그런데, 계란에 맛이 배게 하려면 냄비에서 꺼낸 계란을 그대로 도로 넣으면 안 돼. 껍데기를 골고루 잘 깨서 넣어야 찻물에 삶을 때 금 간 곳으로 차가 스며든단다.

삶은 계란이 손으로 잡을 수 있을 만큼 식으면 숟가락으로 껍데기를 살살 두들기면서 전체적으로 고르게 깨는데, 껍데기가 떨어져 나오면 안 되고 껍데기를 아예 벗겨서도 안 된다.

삶은 계란 깨기

- 나

아버지의 문자메시지를 읽다가 고개를 든다.
내가 삶은 계란을 그렇게 깨는 이유를 갑자기 깨닫는다.
뭔지 모를 감정이 밀려온다. 애써 참는다.

계란 스크램블 마저 완성하기

- 계란
- 식용유 또는 버터
- 프라이팬
- 화구
- 추억

계란물을 저으며 요리하다 보면 갑자기 반투명하고 끈적하게 응어리가 지기 시작한다. 계속 젓자! 너무 익히지 말아야 한다. 여전히 끈적하면서 불투명해지면 완성이다. 축하한다! 너무 익으면 바짝 말라버리니 조심해야 한다.

적절하게 끈적한 상태의 계란 스크램블을 바로 접시에 담는다. 요리를 시작하고 시간이 얼마나 지났는지 본다. 육칠 분 정도 지났을 것이다. 그런데 몇 시간 동안 정신을 판 것 같은 느낌이다.

고추기름을 쳐서 밥에 얹어 먹는다. 아보카도, 핫소스를 뿌려 토스트에 발라 먹는다. 할라피뇨, 사워크림을 넣고 토르티야에 싸서 먹는다. 그냥 그대로 먹는다.

끝까지 버티던 계란이 추억의 힘에 못 이겨 결국 스크램블이 되었다고 상상하며 먹는다.

만물은 변하게 되어 있고, 본래 모든 것이 그렇다고 생각하며 먹는다.

요리하면서 떠올랐던 추억이 모두 계란에 흡수되었고, 계란을 먹으면서 그 추억을 모두 다시 내 안으로 받아들인다고 상상하며 먹는다.

손님 아닌 손님이 되는 곳

부모님이 데려가는 식당에 가면 재미있는 일이 벌어진다. 어디를 가도 부모님이 주인과 종업원들을 다 알기 때문인데, 심지어 개업한 지 몇 주 안 된 식당도 예외가 아니다.

그 사실은 식사를 마치고 나설 때야 비로소 드러난다. 주방이나 안쪽 공간에서 일하던 사람들이 모두 나와서 말을 건넨다. 음식이 맛있었냐고 묻고, 잘 가라고 인사하고, 오래전부터 가던 식당이면 나와 동생이 많이 컸다고 하고, 몇 주 전에 연 식당이면 나와 동생에게 드디어 만나서 반갑다면서 부모님에게 이야기 많이 들었다고 한다. 시종 유쾌하고 떠들썩한 작별 절차다. 부모님은 토론토에 중국 식당이 새로 생길 때마다 귀신같이 알아내는 재주가 있는데, 내가 보기엔 개업하자마자 다 가보고 일찌감치 평가를 내리는 것 같다('아주 좋음' '너무 기름짐' '너무 짬' '괜찮은데 비쌈' '별로인데다가 비쌈' 등). 그런 후에는 마음에 드는 곳에만 다니면서 주인, 주방장, 종업원 모두와 친해진다(부모님이 좋아하는 식당은 대개 한 사람이 1인 3역을 하는 집이다). 부모님을 뵈러 가면 매번 만두집이라든지 딤섬집이라든지 국수집이 새로 생겼다며 나를 꼭 데려가는데, 그곳 주인(겸 주방장 겸 홀 담당)과 친구가 되었다는 뜻이다. 식당이 열었어도 주인이 자리를 비우면, 가령 남편만 있거나 자녀만 있거나 직원만 있으면 부모님은 일단 발길을 돌렸다가 주인이 있을 때 다시 간다. 나는 그럴 때면 짜증이 났다. 전에는 나를 자랑하고 싶어서 그런다고 생각했다. "어때요, 우리 애들?" "우리 아들이랍니다!" 하는 마음이랄까. 지금은 당신들 모습을 내게 자랑하고 싶은 마음도 있으리라 생각한다. "봤니, 네 엄마 아빠가 동네에서 얼마나 잘나가는지. 다들 알아주는 유명 인사야! 인기도 좋고!" 하는 식으로.

또 "이 사람이 내 이야기 친구고 내가 단골로 다니는 집 사장이란다"라는 의미도 분명히 있는 것 같다. 부모님은 중국 식당에 잘 가는데, 전에는 입맛이 까다로워서 그러는 줄 알았지만 꼭 그런 것만이 아님을 차츰 깨닫는다. 인간 대 인간으로 대화해주고 인격적으로 대해주는 사람이 확실히 있는 곳에 가서 이야기 나누고 음식을 사주고 싶은 것이다. 북미에서 아시아인으로 산다는 것은, 단순한 방문객 이상으로 대우받는 특전을 누릴 수 있는 몇몇 장소를 계속 유지해나가는 것이다.

부모님이 식당 주인과 웃으며 안부 나누는 모습을 보고 있노라면, 부모님이 '친구'라고 고집하는 관계에 대해 곰곰이 생각해보게 된다. 식당의 단골손님이란 그저 자주 찾는 이용객일 뿐이라고 생각했다. 하지만 부모님은 그 이상의 어떤 위치를 점하고 있는 듯하다. 단골과 주인이 확실히 우정이라고 할 만한 관계로 발전하려면 어떤 조건을 충족해야 할까 궁금해진다. 지금은 멀어진 고등학교 친구에게는 로망이 하나 있었다. 다름 아니라 동네 버거 가게에 가서 "늘 먹던 걸로요"라고 주문하는 것. 가게에서 일하는 사람들이 다 자기를 알아보고 인사를 건네고 이름으로 불러주고 평소 시키는 메뉴를 알고 '늘 먹던 것'(친구의 경우는 특정 토핑을 얹은 햄버거)이 뭔지 아는, 그런 관계를 꿈꾼다고. 돌이켜보면, 어릴 때는 의미를 잘 몰랐다가 커서야 비로소 알게 되는 부류의 소망인 것 같다. 우리는 어린 나이에 벌써 '돈으로 소속감을 살 수 있다'라는 자본주의의 유혹적인 약속을 받아들이고 말로도 표현할 수 있던 게 아니었을까. 그런 소망을 무척 열렬히 품었으니, 친구는 아주 냉소적이거나 아주 약거나 아주 순진한 아이였던 셈이다. 어린 나이에 남들의 관심을 받고 싶었다든가, 어쩌면 약간의 통제감을 맛보고 싶은 마음도 있었겠지만, 아마 소속감을 느낄 수 있는 몇 안 되는 장소를 하나라도 늘리고 싶은 마음이 가장 컸으리라고 지금은 생각한다.

그런 관계는 우정일까 단골 거래일까? 기회가 될 때마다 방문하려 하고, 반가이 맞아주고 알아봐주는 관계. 즐거운 일이 없어도 즐거운 척하고 안부를 나누고 최대한 구매해주고자 하는 관계. "친구가 아니라 손님이잖아요." 한번은 그렇게 말했더니 어머니가 한참 생각하다가 이렇게 대답했다. "손님으로는 아무 데나 갈 수 있지. 그런데 거기는 이유가 있어서 일부러 계속 가는 거잖아."

지금 내 동생은 내가 예전에 살던 케임브리지에 산다. 내가 살던 그 반지하 층, 아니 '정원 층' 아파트에 내가 이사 나간 후에 들어왔다. 지난번 케임브리지에 동생을 보러 갔을 때, 너무나 다시 가고 싶던 식당에 함께 가서 삼십 분간 줄을 섰다. 대학교 푸드 코트 안쪽에 있는 조그만 우동 가게인데 매콤하고 시원한 고기 우동을 그렇게 맛있게 하는 집은 본 적이 없다. 나는 들떠 있었다. 줄의 중간쯤 왔을 때, 마케팅 담당자이면서 홀도 담당하는 세라가 나를 알아본다. 우리는 대화하며 안부를 나눈다. 세라가 내게 아주 구체적인 근황을 묻는다. "LA는 어때요? 요즘 무슨 요리 해요? 식물은 잘 커요?" 동생이 놀라는 눈치여서 내가 설명한다. 식당에서 인스타그램 계정을 운영하는데 나와 서로 팔로우하고 있어서 식당 사람들이 내 소식을 안다고.

우동 가게는 주방이 개방된 구조여서 자리에서 조리 과정이 보인다. 세라가 우리를 자리에 앉힌다. 나는 고개를 빼고 주방장 토모가 있는지 살펴본다. 토모에게 손을 흔들어 인사하고 여기 우동이 최고라고 말해주고 싶다. 지난번에 간단히 요기하려고 일정 중간에 혼자 들른 적이 있는데, 그때 토모와 이야기 나누며 식사했다. 내게 우동에 넣는 고추기름을 더 주면서 가게에서 직접 만드는 거라 필요하면 항상 더 달라고 해도 된다고 했기에 지금 그렇게 했다는 이야기도 전하고 싶다. "토모 있어요?" "아, 방금 자리 비웠어요."

식사를 마칠 때까지 토모는 돌아오지 않았고, 나는 조금 실망하며 식당을 나온다.

건물을 나서면서 토모에게 인스타그램 메시지를 보낸다. 토모와 서로 팔로우중이다. "동생이랑 같이 들렀는데! 얼굴 못 봐서 아쉽네요!" 그러자 토모에게 답이 왔다. 내가 걸음을 멈추고 빙긋 웃으며 "아하!" 하니 동생이 한숨을 쉰다. 부모님이 식당을 나서면서 주인과 주방장과 꼭 대화를 나누려고 할 때 내가 한숨 쉬는 모습 그대로다. 토모와 나눈 대화를 동생에게 보여준다. 마치 이렇게 말하듯이. "봤니, 내가 다들 알아주는 유명 인사야! 인기도 좋고!"

별세상

　내가 가본 딤섬집은 어째 죄다 좁은 문으로 머리를 숙이고 들어가거나, 허름한 계단을 한참 올라가거나(아니면 내려가거나!), 쪼그만 엘리베이터를 타고 올라가야 비로소 광활하고 시끌벅적한 공간이 모습을 드러내는 구조였다. 평범한 보통 크기 건물에 어떻게 이런 거대한 공간이 숨어 있나 싶다. 보잘것없는 입구를 지나온 사람의 예상을 작정하고 뒤집으려는 듯이. "어때! 이럴 줄은 몰랐지?" 하면서.

　딤섬집에서는 창문을 본 기억이 없다. 분명히 있었을 텐데, 아마 나도 모르게 기억이 왜곡되었나 보다. 그 안에서는 시간 감각이 사라지기 때문이리라. 음식이 쉬지 않고 나오고, 사용한 접시가 계속 새 접시로 바뀌고, 테이블 가운데에 놓인 빈 찜통과 그릇이 든 것으로 교체되고, 종업원들이 밀고 다니는 카트는 음식이 화수분인 양 절대 소진되지 않는다. 무언가를 먹었다는 증거가 속속 감쪽같이 제거되고 다음 음식이 놓일 자리가 만들어진다. 항상 이제 막

식사를 시작한 기분이다.

이곳에서 시간은 중요하지 않다. 내가 지금 여기 있다는 사실만이 중요하다. 이곳에선 언제까지나 먹을 수 있을 것 같은 기분이다. 어쩌면 그게 의도일 테다. 손님이 더 많이 주문하고 돈을 쓰도록 일부러 그렇게 해놓았으리라. 한편 이곳은 세상과 동떨어진 곳처럼 느껴지기도 한다. 이곳에선 시간도 세상도 사라진다. 이름이 딤섬킹이든 뉴호킹이든 호원레스토랑이든 실버드래곤이든, 이곳이 세상에 존재하는 유일한 공간이다. 중요한 건 오로지 내가 지금 여기 있다는 사실, 그리고 눈앞에 펼쳐진 광경이다.

실로 온갖 풍경이 펼쳐진다. 이곳은 장터다. 다양한 행상에게 다양한 음식을 사면서, 동시에 테이블 사이를 지나가는 행상들을 거리의 자동차를 보듯 지켜보는 곳이다. 워낙 넓고 북적거리는 공간이라 마치 야외에, 도심에, 보도나 공원에 있는 기분이다. 사람을 구경하면서 동시에 사람들 속에 끼어 아이를 돌보거나 부모님을 찾아뵙거나 친구를 만나거나 동생과 이야기한다. 수족관에 가서 물고기를 구경하면서 동시에 물속에서 살아간다. 관객으로서 구경하면서 동시에 끊임없이 만인 앞에서 공연한다. 내가 점잖은 가족의 일원이라는 것을, 똑바로 앉아 예절 바르게 식사하고 입에 음식이 든 채로 말하지 않는 착한 아이라는 것을 만방에 보여준다. 그러면서 형광등 불빛 아래 대기실에서 기다린다. 그렇게 영원히 기다리고 살아가고 구경하고 공연한다. 이곳은 시장, 식당, 가족 모임, 주방, 집의 연장, 문화센터, 놀이방, 교실, 극장이다. 그 모든 것이 하나로 합쳐져 한 공간을 동시에 점하고 있다.

"다른 데 갈 필요 있어? 여기 그냥 계속 있어." 공간이 내게 애원하는 듯하다. "여기 모든 게 잘 되어 있잖아. 부족함이 없도록 뭐든지 다 갖다 놨잖아."

사시사철 가족들과 딤섬집에 가지만 왠지 겨울에 갔던 때만 기억난다. 밖이 아직 환할 때 세상에서 벗어나 이 동굴로 들어오면 시간이 멈추고 끊임없이 그 자리를 순환한다. 다시 바깥세상으로 나오면 저녁 무렵이다. 아니, 시간은 오후 4시지만 토론토의 겨울이라서 깜깜하다. 시간의 흐름을 종잡을 수 없지만 그래도 마음이 편하다. 안에서 얼마나 있었는지 도통 알 수 없으나, 그동안은 세상 속 일상의 끊임없는 소용돌이에서 확실히 벗어났다는 뜻이다. 세상으로 다시 돌아올 때면 항상 멍하고 혼란스럽다. 영화관에서 밖으로 나올 때 아직 낮이거나 벌써 한밤중이어서 놀라는 것과 마찬가지다. 안에 있는 동안 눈앞에서 며칠이 지나가고 몇 해가 지나가고 한평생이 지나갔으니까.

"천천히 가세요"

　　부모님이 잘 가는 식당에는 공통점이 있다. 기다림이 기본이라는 점이다. 가면 마냥 기다려야 한다. 자리에 앉는 데도, 메뉴가 나오는 데도, 주문하는 데도, 음식이 나오는 데도, 빈 접시를 치우는 데도, 계산서가 나오는 데도, 영수증이 돌아오는 데도 한세월이다. 마치 이런 무언의 메시지가 흐르는 것 같다. '어디 급히 갈 데 있으신가? 좀 앉아 계셔. 느긋하게.'

　　손님을 방치하거나 서비스가 나빠서 그러는 게 아니라 일종의 정에서 나오는 분위기다. 기다림이 음식보다 중요하진 않더라도 거의 음식 못지않게 중요한 방문 목적이라고 피차간에 이해와 합의가 되어 있는 것이다. 기다림의 목적은 아마도 지금 우리와 함께 있는 존재에게, 즉 음식과 서로에게 관심을 집중하라는 것이 아닐까. 좋은 식당이란 기다림을 즐기러 가는 곳인 듯하다. 기다림을 위해 가는 곳이다. 부모님은 한번 가면 몇 시간씩 앉아 있는 걸 좋아해서, 식당 중에서도 주인이 그런 걸 좋아하고 공감하여 마냥 기다리게 하는 곳에만 가는 듯하다.

부모님은 미적대는 것이 기본인 식당에 가서 마냥 미적댄다. 항상 음식을 넘치도록 주문하고, 배부르게 먹고 나서도 남은 음식을 앞에 두고 몇 시간은 앉아 있는 느낌이다. 조금씩 깨작거리긴 하는데 거의 그냥 둔 채로 노닥거린다. 남은 음식은 우리가 여태껏 먹은 음식을 상기시켜주는 흔적이요, 더 필요한 게 없다는 징표다. 배고프면 음식은 얼마든지 있으니 먹고 또 먹으라고 한다. 부모님과 함께 있다 보면 식당까지 걸어가고, 배부르게 먹은 후 자리에 앉아 미적대고 깨작대는 데 정말 많은 시간을 보낸다. 그러다가 "엄마, 이제 가요" 하고 수없이 재촉하고 나서야, 어머니가 그래 이제 가야지 하고 나서야, 마침내 스티로폼 용기를 달라고 하고 한참 후에 테이블로 가져다주면, 집에 가져가 며칠 더 먹을 요량으로 남은 음식을 모두 담고 차곡차곡 쌓아서 봉지에 넣고 묶은 다음에야, 비로소 자리에서 일어난다.

우리가 떠날 때는 식당 사람들이 모두 문간에 모이고 안쪽 공간에서 나와 부모님에게 "만쩌우, 만쩌우慢走, 慢走!"라고 인사한다. 문자 그대로는 '천천히 가세요'라는 뜻이지만 곧 '조심히 살펴 가세요', 다시 말해 '안녕히 가세요'라는 뜻이다. 나는 그 인사가 좋다. 이곳을 떠나 현실 세계로, 일과 부담과 기대를 안고 쉼 없이 돌아가는 일상으로 잘 돌아가라는 그 인사를 들으면 말 그대로 천천히 살고 싶은 마음이다. 마치 이런 말처럼 들린다. '알겠지? 평소에도 차분히 신중하게 살 수 있어. 여기서는 앉아 있다가 기다리다가 먹다가 또 앉아 있다가 기다리다가 해도 되잖아. 밖에 나가도 여기서처럼 살 수 있어.' '평소에도 기다림과 느림을 기본으로 할 수 있어.' '그렇게 급히 서두를 필요 없어.'

내가 좋아하는 식당에 부모님을 모시고 가면 항상 재촉받는 기분인지, 두 분은 이런 말을 한다. "숟가락 내려놓자마자 계산서를 가져오네!" "이제 막 다 먹었는데! 좀 앉아있을 시간도 없나? 더 주문하면 안 돼?" "양이 이게 뭐니? 다 먹었네! 남은 게 하나도 없잖아?" "아니, 앉아서 소화 좀 시킨 다음 다시 먹게 해줘야지 이렇게 한번에 다 먹으면 어쩌라고?" "너 아직 배고프지?"

부모님이 지나칠 정도로 오래 앉아서 과하게 배불리 먹길 고집할 때마다 짜증이 났는데, 지금 생각해보면 그 행위 자체가 중요한지도 모르겠다. 어떤 장소를 떠날 때는 질리도록 실컷 즐기고 떠나야 더 좋은 법이다. 아니, 그건 내 생각일 뿐이고 부모님 마음은 전혀 다른지도 모른다. 어쩌면 이런 마음일 수도. '아들하고 여기 한없이 앉아 있으면 좋겠는데. 어떻게 하면 음식으로 붙들어놓고 배고프게 해서 몇 입이라도 더 먹고 몇 분이라도 더 있게 할까, 아들아 좀 더 있자, 배고프지 않니, 어서 먹으렴, 이것도 먹고, 저것도 먹고.'

경유

공항에서 이 글을 쓰고 있다. 비행기를 타려고 기다리는 중이거나 누군가를 마중 나와서가 아니라, 지금 막 비행기에서 내려서 최근 이사 온 도시에 왔는데 마땅히 갈 곳이 없어서다. 이곳엔 아는 사람이 별로 없고, 석 달 전부터 어느 집의 방에 세 들어 살고 있긴 하지만 남의 공간이다 보니 내 집처럼 생각되지 않아 딱히 서둘러 가고 싶지 않다. 그래서 갈아탈 비행기는 없지만 스스로 경유하면서 머물고 싶은 만큼 머물려고 한다.

공항에 있으면 어쩐지 편안하다. 공항은 원래 오래 머무는 곳이 아니지 않나. 공항은 목적지가 아니므로 가능하면 짧게 머물러야 하는 곳이다. 딱히 환대받지 못하는 이 느낌이 내겐 아주 익숙하다. 공항은 쌀쌀함을 굳이 숨기지 않는다. 공항은 누구에게나 경유자나 방문객이나 이방인이 된 기분을 안겨주는데, 그 솔직함이 좋다. 우리는 언제나 방문객이자 경유자에 불과하지 않을까? 다른 곳은 우리가 그 이상의 존재라고 열심히 강조하지만 공항은 구태여 포장하지 않는다.

공항에 있으면 끝없이 경유하는 느낌이기에 세상에서 단절된 느낌도 든다. 이곳에 있는 동안은 스스로 세상과 연락을 끊은 기분이다. 아직 이동하는 중이고 도착하는 중이란 핑계가 있으니 얼마든지 그래도 된다. 나를 찾을 사람 아무도 없는 도시로 들어갈 필요가 없다. 잠시 여기 머무는 동안은 쓸쓸할까 봐 걱정하지 않아도 된다. 외로움이란 어딘가에 도착한 사람이 느끼는 감정이지 이동중인 사람이 느끼는 감정이 아니라고, 속으로 되뇌어본다.

도피

꿈속에서 내가 세 들어 사는 방의 벽을 바라보는데, 침대와 책상 사이 벽에 금이 가 있었다. 벽에 다가가서 금 간 곳을 손으로 뜯었다. 계속 뜯었더니 차츰 구멍이 덩그렇게 뚫렸다.

나도 모르게 구멍으로 들어가 계속 걸었다. 아파트 옆집이 나오는 게 아니라 엄청나게 긴 복도가 광활하게 뻗어 있었다. 복도 양옆에는 문도 창문도 없고, 내가 들어온 구멍 말고는 입구도 출구도 없었다. 세상 이면에 감춰져 있는 비밀 공간을 우연히 발견한 기분이었다.

복도 끝까지 가보려고 마냥 걸었다. 몇 시간이나 걸었을까, 아무래도 끝이 없다 싶어서 뒤돌아 와 구멍으로 다시 기어 나왔다. 방에 무사히 돌아와 보니 그동안 시간이 전혀 지나지 않은 상태였다.

시간이 흐르지 않는 기이한 마법 복도에 무슨 일이 있어도 다시 들어가지 않으리라 다짐했다. 왠지 꺼림칙했다.

하지만 스트레스가 심할 때면 내 문제를 해결할 방법은 그것뿐이라는 생각이 들었다.

도저히 지키지 못할 데드라인이 닥쳤거나 아무래도 시간이 부족하다 싶을 때는 복도에 들어가 거기서 일했다.

세상에 다시 나오면 들어갈 때와 똑같은 시간이었다. 물론 일은 다 끝내놓았으니 종일 시간이 남아돌아서 마음대로 보낼 수 있었다. 마침내 여유 시간을 갖게 된 것이다.

마법 복도를 언제든 쓸 수 있게 되자 점점 더 많은 일을 할 수 있겠다는 생각이 들었다.

일을 더 가지고 들어가서 필요한 만큼 원 없이 머무르며 일을 했다.

그런데 일을 모두 끝내고 세상으로 돌아오기를 거듭할 때마다, 남아도는 시간을 느긋하게 보내는 재미가 점점 시들해졌다.

새로 생긴 여유 시간 동안 삶을 살아가거나 관심 있는 사람과 교류하거나 죄책감을 내려놓고 세상을 보는 것이 아니라, 일거리를 더 찾아서 모으고 쌓는 데 골몰했다. 언제든 마법 복도로 들고 가서 다 끝내고 또 더 할 수 있으니까. 바깥세상에서 할 만한 보람 있는 일은 그것밖에 없는 것 같았다.

곧 복도는 삶에서 점점 큰 비중을 차지했다. 일을 더 편하게 하려고 물건과 가구를 다 안에 갖다 놓았다.

그러던 어느 날, 평생 부족하지 않을 만큼의 일거리가 안에 쌓였다.

그리고 어느 날, 나는 바깥으로 다시 나오지 않았다.

그런데 역시 꿈이라서일까. 사람들은 아무도 그 사실을 알지 못했다. 바깥세상은 시간이 흐르지 않았으니까.

농장 게임

요즘 재미있게 하는 게임이 두 개 있다. 하나는 농장에서 잡다한 일을 하는 게임이고, 또 하나는 섬에서 잡다한 일을 하는 게임이다. 게임을 하기 위해 인터넷에서 이런저런 정보를 조사할 때면 기분이 편안해진다. 이를테면 재배하기 가장 좋은 작물, 최고의 아이템을 얻는 방법, 각종 물고기와 곤충을 잡는 때와 장소와 요령, 게임 내 시간 주기 등을 파악해놓고 게임 속에서 최대한 많은 일을 하려고 한다. 시간을 가장 효율적으로 활용하여 최고로 '생산적인' 휴식을 취하기 위해서다. 섬을 배경으로 한 게임에서는 현실 시간 기준으로 오 분마다, 예컨대 매시 4분, 9분, 14분, 19분……에 선물이 등장한다. 풍선이 선물을 매달고 하늘에 날아오면 쏴서 떨어뜨려야 한다. 나는 오 분마다 하던 일을 멈추고 풍선이 나타나는 지점으로 달려가서 선물 획득을 시도한다. 그러고 나면 다시 일로 돌아갔다가 또 오 분 후에 달려와서 확인하는 식으로 끝없이 반복한다. 농장을 배경으로 한 게임에서는 작물의 종류에 따라 자라는 데 걸리는 게임상 일수가 다르다. 다 자란 작물은 수확해서 바로 팔 수도 있고, 절임 통 만드는 법을 터득하고 나면 통에 넣고 절여서 더 비싼 값에 팔 수도 있다. 작물마다 절이는 데 걸리는 게임상 일수도 다르다.

엘리사에게는 두 게임 다 이해 불가다. "그래서…… 뭘 해야 하는 거야?" 나는 열심히 설명한다. 할 일이 너무나 다양하고 많다고. 작물도 키우고, 나무도 베고, 광물도 캐고, 과일도 따고, 물고기도 잡고, 곤충도 잡고. 그래야 옷을 더 사고, 가구를 새로 만들고, 집을 넓힐 수 있다고.

"그래…… 그런데 그걸 왜?"

두 게임 다 딱히 정해진 최종 목표는 없다. 뭐랄까, 그냥 계속하는 것뿐이다. 게임을 오래 하면 할수록 돈을 더 많이 벌고 집이 더 커지고 가진 것이 더 많아진다. 자본주의의 멋진 판타지다. 하지만 내가 느끼는 즐거움, 즉 편안함과 평온함은 다른 게 아니라 해야 할 일이 명확하다는 것, 그리고 그 일을 하면 원하는 결과를 꼬박꼬박 성취할 수 있다는 데 있다. 다 내가 할 수 있는 일이고, 그냥 하면 된다! 거기엔 왠지 마음을 편안하게 하는 구석이 있다. 휴대전화 메모 앱에는 두 게임에 관해 각각 약 오천 단어 분량의 문서가 저장되어 있다. 게임에서 매일 해야 할 일을 적어놓은 문서다. 머릿속에 그 과제를 담아놓은 채 플레이하는 걸 좋아한다. 매일 여섯 곳의 바위를 쳐서 철광석을 얻는다. 오 분마다 풍선을 확인한다. 물고기를 살펴보고 일정 크기면 낚시로 잡는다. 매일 상점이 문 닫기 전에 그날그날 바뀌는 품목을 구입한다. 그 어떤 과제도 시간만 충분히 들이면 완수할 수 있다. 그런 약속도 역시 자본주의 판타지일 것이다.

*

예전에, 현실에서 내가 시간을 들여 번 돈으로 좁은 아파트에 식물을 하나씩 모으면서 키우기 시작할 때, 방대한 스프레드시트 파일을 만들었다. 일광, 수분 조건, 토양 유형, 계절 변화, 습도, 최적 온도, 번식 방법, 물 주는 시기 등 모든 정보를 식물별로 기록해놓았다. 그렇게 명확하고 상세하게 정보를 관리해도 키우는 식물이 죽어났지만 내 탓이 아니라고 자위할 수 있었다. 난 스프레드시트까지 만들었으니까! 할 일을 했으니까! 인터넷에서 조사해 관리 계획을 완벽히 짰으니 식물이 죽은 것은 식물의 탓이지 내 탓이 아니다. 나는 할 일을 다 한 셈이다. 내 주변에 식물이 있다는 것보다 더 기분을 편안하게 해주는 것은 내가 계획

한 대로 물을 주고, 스프레드시트의 모든 항목을 조사하고 실천하는 일인 듯하다. 내가 가장 좋아하는 휴식 방법은 일하기인 셈이다. 다만 본래 하던 일이 아닌 다른 일을 할 뿐.

내 친구 중에는 은퇴해서 실제로 농장을 운영하는 판타지를 품은 사람이 많다. 바꿔 말하면 친구들 대부분은 농장일에 대해 하나도 모르는 도시 사람이다. 농장이 아니면 꽃집이나 정원이나 온실이 판타지의 대상이다. 수목원이 꿈이라는 친구도 한 명 있다. 자연에서 자라는 것, 정확히 말하면 자연에서 자기가 키울 수 있는 것에 꽂혀 있는 친구가 워낙 많은데, 그런 일이 마음 편하고 간단하고 순차적이고 예측 가능하리라는 믿음이 깔려 있다. 그냥 자연에 들어가 사는 꿈을 꾸지 않고 자연을 프로젝트 삼아 일하는 꿈을 꾼다는 점이 의아하다. 우리는 주어진 시간을 생산적으로 활용하고 싶은 마음을 떨치지 못하는 것 같다. 의식적 선택인지 과거의 트라우마 때문인지는 잘 모르겠다. 어째서 이렇게 뭔가 생산해야 한다는 압박감이 몸에 배어 있을까? 가슴속에 품은 판타지조차 일과 결부되어 있을 정도로.

내가 농장 게임을 하는 이유는 실제로 농장을 운영하고 싶어서는 아니다. 일한 만큼 결과가 또박또박 나와서 내가 일했음을 증명해주는 게 좋을 뿐. 친구들이 자연을 대상으로 일하는 모종의 프로젝트에 판타지가 있는 것도 근본적으로 똑같은 현상인지 모른다. 어쩌면 성과의 기약이 없는 일에 한평생 매달리고 나서, 시간을 투입하면 그만한 보상이 반드시 주어진다는 판타지 속으로 도피하는 것이 꿈이 되어버렸는지도 모른다. 작물을 심고 보살피면 뭔가가 자라날 테니까.

3부
잘 지내요

파티

파티에 가는 게 두렵다.

파티에 가서 아는 사람이 없을까 봐 두려운 게 아니다. 문을 열고 들어갔을 때 내가 아는 사람이 한 명도 빠짐없이, 온다는 말도 없이 모두 모여 있을까 봐 두렵다. 절친한 친구, 함께 일하는 동료, 이웃, 버스 기사, 버스에서 가끔 마주치는 남자, 내가 존경하는 작가와 전문가, 부모님, 동네 가게에서 일하는 점원, 졸업 후 연락이 끊어진 학교 동기, 복도에서 마주친 사람……. 모두 함께 재잘대며 웃고 있다. 웃고 또 웃는다. 내가 평생 품어온 의심이 사실로 판명되는 순간이다. 나만 모르는 비밀 클럽에 모든 사람이 속해 있다는 것. 문간에 우두커니 서서 나 없이 즐겁게 노는 사람들을 바라본다. 다들 나를 곁눈질하면서도 대화를 끊을 생각이 없다. 나와는 그만큼 친하지 않던 이들인데, 다들 서로 너무 친하다.

집에 박혀 있기

　내가 생각하는 훌륭한 사회적 상호작용의 한 예는 이런 것이다. 어느 날 오후, 베개를 그리고 싶어진다. 베개는 주름이 잡혔다가 모양이 유지됐다 허물어졌다 하면서 부피감과 푹신함과 가벼움이 동시에 느껴지는데, 그 모든 특성이 표면의 명암과 굴곡을 통해 나타난다. 집에 있는 베개를 모두 갖다 놓고 습작한다. 베개를 그리고, 이리저리 구부리고 배치를 바꿔가면서 또 그리다 보니 어느새 한밤중이다. 내게 몰두할 대상이 있고 몰두할 시간도 있어서 실제로 몰두하는 경우는 드물기에, 그런 기회가 생기면 한껏 활용한다. 오늘은 새벽 3시까지 몰두한 일이 베개 그리기다.
　베개에 이렇게까지 몰두하다니 이상한 바보짓을 한 기분이 든다. 종일 베개만 그렸다는 것, 고작 이런 일에 그리 긴박하게 매달렸다는 것을 어떻게 남에게 설명할 수 있을까. 문득 철저히 혼자가 된 기분이다. 불현듯 베개를 그리고 싶은 욕구에 사로잡혔다고, 베개란 정말 굉장하다고 누구에게 말할 수 있겠는가. 그런 것에 몰두하는 사람이 누가 있겠는가.

그런데 습작을 만족스럽게 그린 후 구글에서 "베개 습작 OR 스케치 OR 그림"이라고 검색해보니, 1493년 르네상스 시대의 독일 화가 알브레히트 뒤러가 자화상 작업을 준비하기 위해 습작을 그리면서 그 뒷면에 베개 스케치를 여섯 점 그려놓았다고 한다. 뒤러가 후에 물감으로 그린 자화상은 서양 회화사에서 최초의 독립 자화상으로 평가받는 작품이다. 자화상 습작 뒷면의 베개 스케치에는 베개의 형태, 명암, 주름이 생생히 강조되어 있다.

갑자기 내가 이상하고 혼자라는 기분이 사라진다. 과거 언젠가 누군가가 지금 내 관심사와 똑같은 것에 관심을 쏟았다는 사실을 깨달으면서 위안을 느낀다. 비록 그 누군가가 오백 년 전에 죽은 독일 르네상스 화가였을지라도. 우리 둘 다 부피감은 느껴지되 무게감이 느껴지지 않는 베개의 흥미로운 특성에 관심을 갖고, 직접 그려보면서 그 원리를 파악하고 싶던 것이다. 문득 누군가와 매우 특정한 관심사를 놓고 대화하는 기분이 든다. 다만 이것은 말을 빠르게 연속적으로 주고받는 대화가 아니다. 한 사람이 한마디를 하면, 오백 년 후 다른 사람이 한마디를 하는 대화다.

누가 말할 것인가

평생 참여해온 대부분의 대화에서 내 말은 묻히거나 끊기기 일쑤였다. 그렇다 보니 사람들 한 명 한 명이 대화에 기여하는지(또는 대화를 장악하는지) 시간 분량을 예민하게 챙기는 습관이 생겼다.

난 말을 아주 적게 하는 편이다. 내가 소중하게 여기는 사람과 대화할 때는 듣는 게 좋다. 상대방에 대한 각별한 마음은 말하기보다 듣기를 통해 더 잘 표현된다 느낀다.

그룹 대화에서는 아무래도 계속 말이 묻히는 바람에 말을 거의 하지 않게 된다. 지금 말하는 사람이 남의 말에 관심이 없구나 싶으면, 귀를 닫고 머릿속으로 각 사람이 말한 시간을 집계하는 게임을 한다. 아니면 말하는 사람이 각 사람과 얼마나 오래 눈을 맞추는지 재본다. 그러면 그 사람이 대화 참여자 중 누구를 중요하게 여기고 누구를 중요하지 않게 여기는지 여실히 드러난다.

말이 계속 끊기거나 무시당하거나 한동안 말이 없는 사

람이 있으면, 그 사람에게 질문을 던지거나 대화 주제를 그 사람 쪽으로 유도하려고 한다. 하지만 대개는 내 말도 끊기거나 무시당하는 쪽이라서 이 방법은 잘 통하지 않는다.

최근에 내가 좋아하는 오랜 친구들과 만나 안부를 나누었는데, 어쩌다 보니 내가 말을 가장 많이 하고 있었고 그게 무척 신경이 쓰였다. 친구들에게도 말할 기회를 주려고 대화 주제를 바꾸려 했지만, 친구들은 그때마다 주제를 내게로 되돌렸다. 대화를 마치고 보니 너무 많이 말한 느낌이었다. 나중에 엘리사에게 이야기했더니 "보통 정도로 말하던데?"라고 한다. 그러고 보니, 말이 묻히거나 잘리거나 자연스럽게 무시당하거나 대화의 보조 역할에 머무르는 일에 워낙 익숙한 나머지, 편안하고 동등하게 대화하면서 보통 정도로 말해도 내가 너무 많이 말하는 것처럼 느껴졌는지 모른다.

"나 진짜 말 많이 했는데." 내가 말했다.

"그래도 질문도 하고 다른 사람들 안부도 궁금해하지 않았어?" 엘리사가 물었다.

"응, 그랬지."

"사람들이 네 이야기를 물었어, 아니면 네가 남들 말을 끊고 이야기했어?"

"내 이야기를 다들 듣고 싶어했던 듯."

"난 다들 적절하게 말한 것 같은데." 엘리사가 말했다.
"잭은 말을 많이 안 했어."
"글쎄, 그날 말을 별로 하고 싶지 않았는지도."

그 말이 맞는 것도 같았다. 누군가가 나처럼 남의 말에 귀 기울여 각별한 마음을 전하려는 모습을 보이면 난 그 사람이 정말 좋아진다. 내가 잭과 친하게 지내는 이유 중 하나다. 우리 둘 다 그런 방식으로 상대에게 관심과 주목을 보여야 한다는 생각이 있다. 잭은 그때도 아마 그러는 중이었으리라. 어쩌면 모든 대화에서는 항상 묻히는 사람이 있는지도 모른다. 대화란 늘 불균형하기 마련인지도. 아니면 내가 귀를 충분히 열지 않아서일까. 어느 쪽인지 알 수 없었기에 마음이 많이 불편했다.

내가 대부분의 대화에서 말을 아주 적게 하는 데는 그런 이유도 있다는 생각이 들었다. '말'이야말로 대화를 어렵게 만드는 요인이다.

룰렛

 내 불안에서 오는 한 가지 이점(?)이라면 일이 잘 풀리지 않을 때 놀라지 않는다는 점이다. 항상 최악의 시나리오를 생각한다기보다(그것도 맞긴 하지만), 감정이 어떤 식으로든 갑자기 추락하는 경우가 빈번해서, 그런 것에 어느 정도 익숙해졌다는 뜻이다.

 불안에 빠져 있을 때는 매 순간 룰렛을 돌리는 기분이다. 감정이 어떻게 바뀔지 알 수 없다. 스트레스, 두려움, 지침, **들뜸!**, 걱정, 걱정, **영감이 넘침!**, 스트레스, 속상함, 슬픔, 사람들을 실망시켰다는 죄책감, 일을 충분히 하지 않았다는 죄책감, **다시 들뜸!**, 걱정, 지침, 지침, 지침……

 상태가 워낙 빨리 변해서, 방금까지 무척 들떴다가 같은 일 때문에 금방 두려움에 휩싸이거나 더 나쁜 상태인 무신경함에 빠져든다 해도 이상하지 않다. 이런 반복에 지친 나머지 이건 내가 마음대로 할 수 없는 일임을 인정할 수밖에 없었다. 그리고 나름대로 대처하기 위해 룰렛의 구슬

이 '생산적인' 칸에 떨어지면 재빨리 행동하는 습관을 들였다. 곧바로 그 감정을 간직한 채 외출하거나, 아이디어를 적어 내리거나, 하던 작업을 손보거나, 설거지하거나, 빨래하거나, 식사를 준비하거나, 잠자리에 든다. 그 감정을 잠시라도 유지할 수 있기를 바라며 다시 두려워지거나 멍해지기 전까지 최대한 이용한다. 어떤 절충된 형태의 규율이라고 할 수 있을지도 모르겠다. 내가 내 상태를 마음대로 조절할 수는 없지만, 운 좋은 상태가 되었을 때 알아차릴 수는 있다.

종이 타월을 두 개 살까 세 개 살까 고민되는데

종이 타월을 두 개 사면

장바구니 공간을 덜 차지하겠지만

세 개 사면 두 개 샀을 때보다 오래 쓰니 가게에 덜 와도 될 테고 물론 정답이 없는 문제라지만
　혹시

⋯⋯⋯→◯

종이 타월을 사러 가게에 금방 다시 오면 걷다가 갑자기 영감이 떠오를지도 모르고 아니면

걷다가 차에 치일지도 모르는데

◌◌◯←⋯× ◯

종이 타월을 세 개 사면 그럴 염려가 없을 테고
뭔가를 엎질렀을 때를 대비해서도 더 안전한 것이
   만약 종이 타월을 두 개 사서 쓰다가 다 떨어졌는데 시간이 없어서 새로 못 샀을 때 뭘 엎지르면 노트 한 장을 뜯어서 닦아야 할 텐데 흡수 능력이 떨어져서 자국이 남을 것이고

그런데 만약 종이 타월을 세 개 사서 쓰다가 세 개 다 쓴 후에 뭘 엎지르면 그것도 낭패인 것이 두 개만 샀더라면 더 일찍 떨어져서 이미 두 개를 또 사놓았을 테니 엎질렀을 때 종이 타월이 충분히 있었을 것이고

그러니까 내가 지금 고민하는 건

지금 여기 마트의 종이 타월 코너에서 내가 최적의 선택을 한다면 아마 내 삶이 바뀔 것이고

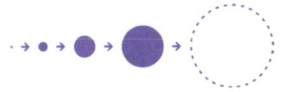

그 작은 선택이 나비 효과를 일으켜

결국에는

새로운 삶으로 이어질 텐데

왜냐고 묻는다면 사람들이 늘 하는 말이 작은 행동 하나하나가 의미가 있고 사소한 일 하나가 누군가의 삶을 바꿀 수 있다고 하니 그 부담감을 어떻게 버텨야 하나 싶은 것이 **사소한 일 하나하나가 엄청난 의미가 있다면**

세상에 결국 사소한 일이 없다는 말일 테니

종이 타월을 몇 개 사느냐 하는 문제도 마찬가지일 거고 이제 나는

다른 가게에 와서

맘에 꼭 드는 셔츠를 발견했는데

두 사이즈가 다 몸에 맞으니

셔츠가 두 사이즈 다 맞는다면 아무래도

두 사이즈 다 사서 큰 사이즈가 어울리는 상황에는 큰 사이즈를 입고 작은 사이즈가 어울리는 상황에는 작은 사이즈를 입어야 하나 싶어서

차라리 선택권이 없었으면 좋겠는데 지금

드는 생각은

만약 맞는 사이즈가 하나라고 해도

똑같은 셔츠를 두 벌 사는 게 좋을 수도 있을까
맘에 꼭 드는 셔츠가 있다면 여벌을 사둘 필요가 있는 게
맘에 드는 셔츠를 찾기가 워낙 어려운 데다
혹시 만약 운이 나빠서

옷이 찢어지거나

세탁할 때마다 옷이 조금씩 줄면

역시 큰 사이즈를 사야 하나 싶기도 한데 여하튼 그러면 어떻게 할 것이며 또 만약

옷에 뭘 엎지르면 어떻게 할 것이며

그나저나 나는 왜 이렇게 엎지르는 걱정을 많이 하는지 모르겠는데

몇 년 동안 한 번도 뭘 엎지른 적이 없으면서

엎지를까 봐 걱정을 많이 하면 좋은 점이 엎지르지 않으려고 평소에 상당히 조심한다는 것이지만

꼭 방심하는 순간 일이 터지는 법이고 혹시라도 일이 터졌을 때가 하필이면

중요한 취업 면접이 있거나

중요한 미팅이 있거나 아니면 그냥

누구든지 만나야 하는 날이거나 아니면

혼자 집에 있다고 해도

셔츠를 버린 것은 틀림없으니
셔츠가 못 쓰게 돼서
입을 수 없다면 어떻게 해야 하나 싶은데
뭐 다시 사면 되지만
만약 찾아봤는데
알고 보니

그 셔츠를 이제 팔지 않는다거나

가게가 아예 사라졌을지도 모르는데
요즘 문 닫는 곳이 워낙 많아서 이상한 일은 아니니까

내 맘에 꼭 드는 이 셔츠가 다 사라지기 전에 최대한 여

러 벌 사놓을까 싶으면서도

  그런다고 해도 둘 중 어느 사이즈로 사야 하는지 아니면 그냥

  두 사이즈 다 무더기로 사놓고 나중에 결정해야 할까 싶기도 하고 **그런데 도대체 어째서**

  요거트 제품은 수천 가지가 있는 것이며 요거트를 내가 먹고 싶은지도 모르겠지만 지금

  유제품 코너에 와서 눈앞에 즐비한 온갖 요거트를 보고 있으니

  결정을 내려야 한다는 기분이 드는데

결정은 어차피 해야 하는 것이고

어떤 요거트를 선택하느냐에 따라 내 삶이 바뀔 테니 최적의 결정을 하려고 하지만

어디서부터 시작해야 할지도 모르겠고

당류 함량을 먼저 봐야 하는지 아니면

과일 함유 여부를 먼저 정해야 하는지 아니면

맛부터 먼저 골라야 할 것 같기도 한데

만약 맛을 골랐는데 그 맛으로는 원하는 요거트 종류가 없으면 어떻게 할 것이며 아버지 말대로 무지방 요거트만 먹는 게 좋을지도 모르겠고 아니 어쩌면

지방을 제거하지 않은 요거트가 맛이 더 진해서 먹으면 더 '행복'해질지도 모르겠고

'호주식' 요거트는 또 무엇이며

운 나쁘게 상한 물질이 들어간 **용기**를 골라서 식중독에 걸리면 어떻게 할 것이며

변수가 많아도 너무 많은 것 같고

수천 가지 해석이 있는 암호를 해독하면서 정답을 도대체 어떻게 찾아야 하나 고민하는 기분이 들면

이럴 때 늘 그러듯이

네게 문자메시지를 보내서

? ⬆

　의견을 묻고 혼자 결정을 못 내리는 나 대신 네가 결정해주었으면 하는데 사실은
　나를 좀 구해달라는 요청이기도 하고
　내 삶에서 뭔가 결정해야 한다는 압박감이 느껴지지 않는 유일한 부분이 너라서 그러는 것 같기도 하지만
　사실 돌아올 대답이

　언제나처럼
　"아무거나 골라 다 괜찮으니까 아무 걱정 말고"
　일 걸 알기 때문이기도 한데
　'아무 걱정 않는다'라는 것도 내가 생각했던 결정은 아니되 엄연히 하나의 결정이지만
　네가 그 말을 하면 내 기분이 상하거나 무시받는 느낌이 들지 않고,
　네가 그 말을 하면 해방감이 느껴지고,
　네가 그 말을 하면 나도 그런 결정을 스스로 내리고 싶었다는 사실을 깨닫는데
　눈앞에 해독해야 할 정보가 이토록 많고

해석해야 할 글자가 이토록 많으니 역부족이었다는 생각이 들면서 드디어

'지방을 제거하지 않은' '블루베리 맛' '그리스식' 컵 요거트 하나를 집어 들고,

장바구니에 넣고,

유제품 코너를 떠나면서,

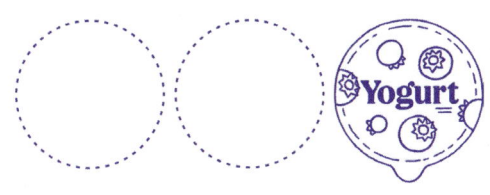

머릿속에서 이런 생각을 곱씹는다.

'결정하다decide와 해독하다decode가 한 글자 차이인 건 분명 우연이 아닐 거야.'

불안세

내가 불안에 대처하는 방법 하나는 불안이 세금이라고 생각하는 것이다. 하고 싶은 걸 하고, 일상을 영위하고, 무슨 일이든 해내기 위해서는 먼저 불안세를 내야 한다. 늘 긴장감으로 굳어 있고 쑤시는 어깨, 집 밖으로 나가기 전에 나 자신을 달래고 설득해야 하는 시간, 나도 모르게 말을 잘못하거나 글을 잘못 쓰거나 행동을 잘못할지 모른다는 끊임없는 두려움. 그런 게 다 불안세에 속한다.

건강한 방법인지는 모르겠지만 불안을 나에게서 떼어놓고 보는 데는 도움이 된다. 불안은 내 본질이 아니고, 내 인격도 아니고, 나를 대변하지도 않는다. 단지 나라는 사람이 일상을 영위하기 위해 치러야 할 세금일 뿐.

일 친구

공동 작업에 관해서라면 내가 꼭 명심하는 원칙이 있다. 어떤 작업을 함께 할 만한 사람이 지금 시간이 있고 함께 일하고 싶어하면, 만사를 제쳐두고 그 기회를 잡아야 한다는 것이다. 그런 기회는 내일이면 사라질지 모른다. 사람들이 바빠지거나 내가 바빠질 수도 있고, 다음 날이면 의욕이나 열정이나 영감이 시들어버릴 수도 있다. 지금 하지 않으면 영영 기회가 없을지도 모른다.

이런 불안감과 절박감은 일 자체를 잘하고 싶다는 생각보다, 나는 거의 그런 식으로밖에 친구를 못 사귄다는 생각에서 비롯되는 듯하다. 관심사와 흥미가 나와 겹치는 사람을 제대로 찾으려면 같은 작업에 관심을 둔 사람과 함께 일하는 방법밖에 없는 것 같다. 그러면 자연스럽게 친해질 길이 생긴다. 시간을 어떻게 써야 하나, 지금 잘 쓰고 있는 건가, 이야깃거리가 떨어지면 어쩌나, '지금 우리 좋은 시간을 보내고 있는 건가 그런 것 같긴 한데' 하면서 불안해

할 필요가 없다. 그냥 함께 작업하고 작업 이야기를 하면 된다. 그러면서 같이 어울리는 셈인데, 동시에 '일'도 한다는 장점까지 있다!

함께 일할 때는 상대방이 나와 시간을 보내면서 얻는 게 있을까 고민하지 않는다. 어떤 공동 작업에 시간과 열정과 관심과 노력을 기울일 수 있다면, 나는 친구 관계에 분명히 보탬이 되는 거겠지? 나랑 친구 할 만한 거겠지? 내가 상대방의 시간을 낭비하는 건 아니겠지? 그리고 상대방이 작업에 마음을 쓰고 있고 내가 그 작업의 일부라면, 상대방이 내게도 마음을 쓰고 있다는 말 아닌가? 나도 상대방에게 마음을 쓰고 있고?

상담 친구

친구 사귀는 방법이 또 하나 있다.

나는 꽤 괜찮은 '상담 친구'가 아닌가 싶다.

상담 친구란, 공통의 친구나 지인이 전혀 없는 사람으로서 당신의 문제(대개는 남들에 관련된 문제 또는 남들은 아무도 알지 못하는 고민)를 들어주는 사람이다. 철저한 외부인이어서 마음껏 비밀을 털어놓을 수 있는 사람이다. 당신이 아는 사람 누구도 알지 못하는 사람이니 무슨 말을 해도 안전하다. 말이 새어 나갈 염려가 없다. 상담 친구는 비밀을 지켜줄 뿐 아니라, 보통은 당신의 이야기가 비밀이라는 사실조차 의식하지 못한다. 비밀을 들어서는 안 될 주변 사람을 아예 알지 못하니까. 보통 건강한 관계에서는 두 사람이 서로 상담 친구 역할을 하며 속 이야기를 함께 나눈다.

이렇게 비밀을 지켜주는 외부인 친구를 두는 게 건강하다고 생각한다. 그런 친구는 이야기를 전부 들어주고, 외부 시점에서 삶과 주변 사람들을 바라보게 해준다.

문제는, 심리치료를 받을 때마다 심리치료사가 보이는 행동을 관찰하여 메모하는 습관이 생겼다는 것. 심리치료사가 내 말에 어떻게 반응하는지, 어떤 질문을 던져 내 말을 수긍하고 경청한다는 느낌을 주는지 주시한다. 더 좋은 상담 친구가 되기 위해서다. 나는 옳다 그르다 판단하지 않고 지지해주면서 적극적으로 들어주는 사람이 되려고 많이 애쓰는 편이다. 그렇다 보니 그런 친구의 역할을 할 때만 마음이 편하다. 나는 상대방이 원하는 경청자의 역할에 맞춰주는 데 능하다. 언제든 지지해주고 수긍해주는 사람. 그러면 상대방에게 뭔가 도움이 되지 않을까? 아니 쓸모가 있다고 해야 하나.

내가 그러는 이유는 뭔가 보탬이 된다는 기분을 느끼기 위해서다. 그런 역할을 하지 않는 본래의 나는 딱히 시간과 관심과 우정을 나눌 가치가 없는 사람일까 봐 두렵다.

세 가지 생일 파티 아이디어

첫 번째 생일 파티 아이디어

파티를 한 번에 크게 치르려면 부담이 크니 초대할 손님 수만큼 부담을 쪼갠다. 일 년에 걸쳐 한 명씩 따로 만나 커피를 마시거나 식사를 하거나 영화를 보면서, 생일 파티 대신 소소하면서 나름대로 의미 있는 시간을 수 차례 보낸다. 친구 한 명 한 명과 함께하는 시간이 모두 나름의 작은 축하 행사인 셈이다.

두 번째 생일 파티 아이디어

내 존재를 함께 축하하고 싶은 사람들을 모두 초대해 파티를 연다. 올해는 정말 한번 재미있게 즐겨본다. 손님들이 나와 친한 정도보다 서로 더 친하면 어쩌나 하는 걱정, 내 파티에서 대화에 끼지 못하고 구석에 혼자 서 있으면 어쩌나 하는 걱정은 하지 않는다.

나는 남과의 관계에서만 모습을 정립할 수 있어서 일관된 인격이란 게 없다는 걱정도 절대 하지 않는다. 상대 마음에 들 만한 역할을 해야만 겨우 '어떤 사람'이 될 수 있다는 걱정도 하지 않는다. 혼자 있을 때는 내 마음에 드는 사람이 되지 못하니 결국 아무도 못 되는 셈이고, 그러니 나라는 사람은 없다는 걱정도 하지 않는다. 제발 이번 한 번은, 내 생일에는 그냥 여느 보통 사람처럼 굴자. '불가해한 다수'처럼 굴지 말자. 그런데 이 사람들은 다 누구 생일을 축하하러 왔을까? 다들 다른 사람을 축하하러 왔다. 그런데 어떻게 다들 같은 파티에 와 있을까? 내가 동시에, 한꺼번에, 그 모든 사람이 다 될 수 있나?

세 번째 생일 파티 아이디어
작년에도 그랬고 해마다 그랬듯이, 올해도 그냥 생일 파티를 열지 않는다. 누구의 존재를 축하해야 하는지 내가 아직 모르니까.

유령 이야기

"안녕하세요, 죄송합니다만 혹시 전에 햄프셔 가에 사셨어요?"

페이스북의 '메시지 요청' 탭에 그런 메시지가 떴다. 그때는 사람들이 석 달에 한 번쯤 페이스북에 들어가서 친척 어른이라든지 연락 안 한 지 오래된 고등학교 친구가 중요한 소식이라도 올렸는지 확인하던 시절이었다. 요즘은 아무도 페이스북을 보지 않지만.

메시지에 답을 했다. 메시지를 보낸 사람은 프로필이 개 사진으로 설정되어 있었다. 잠깐 엉뚱한 생각이 들었다. 혹시 개가 타이핑하는 법을 배우고 페이스북 쓰는 법을 배워서 내게 메시지를 보낸 건가? 자기가 지금 사는 반지하 층, 아니 '정원 층' 집에 내가 전에 살았는지 궁금하다고? 내가 그곳에 살았던 건 맞는데, 아쉽게도 메시지를 보낸 이는 페이스북에 능통한 개가 아니었다(사실 다행인 것이, 개까지 페이스북에 돌아다니는 해로운 밈에 노출될 필요는 없다고 생각한다). 그냥 사람이었다. 내 앞으로 온 우편물이 몇 개 있다고 해서 집에 들러 받아 가기로 시간 약속을 정했다. 예전에 살던 건물을 찾아가는 느낌은 묘하다. 한때 내 보금자리였지만 지금은 아닌 곳. 초인종을 누르고 공동현관으로 들어가 한때 내 집이었던 곳의 문에 다가가면, 이제 내 집이 아니라는 사실을 알면서도 집에 왔다는 느낌이 온몸을 감싼다. 내 집의 문을 노크하는 기분이 이상하다. 이 문에 노크하는 건 처음이다.

  잠금장치 풀리는 소리가 들려오는 순간 가슴이 덜컥 내려앉았다. 문이 열리면서 모습을 드러낼 사람은, 내가 이사 간 후로 이곳에 죽 살고 있는 사람은 바로 나일 것만 같았다. 얼굴도 머리카락도 안경도 옷도 틀림없이 나다. 그때 내 손을 내려다보니 보이지 않는다. 팔도 없고 몸도 없다. 내가 있던 자리에는 허공뿐이다. 문을 연 나는 이상하다는 듯 복도를 두리번거리고 어깨를 으쓱하더니 문을 닫고 들어간다. 한 줌의 공기가 된 나는 사방으로 흩어지고, 세상은 영원히 암흑이 된다. 그런 황당한 상상이 밀려왔다.

  실제로 벌어진 일은 그보다도 더 이상했다. 문을 연 사람은 내가 아니라 모르는 사람이었다. 반면 복도에 서 있는 나는 여전히 나였다. 형체와 무게를 여전히 갖추고 있었고, 정말 이상하게도 이곳에 살지 않았다.

"조녀선? 우편물 여기 있어요."
"안녕하세요! 고맙습니다!"
"안녕히 가세요."

그리고 문이 닫혔다. '잠깐만요'라고 하고 싶었다. 말을 붙이고 싶었다. 우리 사이에 밀접한 관계가 있다는 느낌이었는데 왜 대화를 끝내버렸는지 알 수 없었다. 우리 둘 다 이 집을 직접 선택하지 않았는가. 많은 걸 바라지 않았다. 집 안이 어떻게 바뀌었나 보고 싶었다. 부족한 조명 기구와 물 새는 창틀은 어떻게 해결했는지, 몰딩과 바닥 사이에 틈이 벌어져 바람과 벌레가 들어오는 곳은 어떻게 처리했는지 궁금했다. 이야기할 게 많을 텐데! 팁을 공유할 수도 있고! 지긋지긋한 추위와 눅눅함을 성토할 수도 있고! 한 장짜리 유리창은 또 어떻고! 페이스북 프로필에 나와 있는 개가 이 집에서 어떻게 지내는지도 좀 보고! 이 사람은 내가 한때 보금자리로 삼았던 곳을 보금자리로 삼고 있는 사람 아닌가. 우리가 이곳을 매개로 맺어져 있다고 느꼈다. 그러나 그에게 나는 조녀선이라고 하는 낯선 사람에 지나지 않았다.

어쩌면 그는 처음 집을 보러 왔을 때 내가 사는 모습을 보고 '난장판이군' 하고 생각했고, 나에 관해 딱 그만큼은 알고 있었을지 모른다. 그렇다면 내가 그에 관해 아는 것보다는 훨씬 많이 아는 셈이다. 그러나 내가 종이 박스를 침대 옆 협탁으로 쓰는 모습을 그가 봤건 보지 못했건 나는 그에게 아무도 아니었다. 과거에 이 공간을 자기에게 내준 사람, 이 공간에 대한 일체의 연고를 포기하여 자기가 살 수 있게 해준 사람일 뿐.

  떠나려고 하는데 어떤 충동이 일었다. 실행에 옮기지는 않았지만, 건물 뒤 주차장으로 가서 아스팔트에 무릎을 꿇고 납작 엎드려 옛집의 땅딸막한 '정원 층' 창문을 엿보고 싶었다. 새 주인이 '내' 공간에서 어떻게 사는지 보고 싶었다. 내가 주로 머물렀던 구석에 그도 자리 잡았을까? 아니면 좋은 구석을 못 알아보고 나쁜 쪽을 주로 이용하려나? 내가 빨랫감을 던져놓던 자리에 그도 빨랫감을 쌓아놓을까? 아니, 나처럼 빨랫감을 한곳에 쌓아놓는 버릇이 있긴 할까? 나와 같은 방향으로 침대를 놓았을까? 내가 이사 나갈 때에야 발견했던 콘센트의 존재를 알고 있을까? 문득 유령이 나타난다는 게 어떤 의미인지 이해가 됐다. 내가 유령이었다. 꼭 죽어야 유령이 되는 게 아니다. 살던 곳을 떠나도 유령이 된다.

크로톤

키우는 식물의 잎이 눅눅해져 시들거나, 바짝 말라 갈색으로 변할 때가 있다. 그럴 때는 잎을 떼어내지 않고 그냥 두고 싶다. 가만두면 혹시 잎이 파릇파릇 되살아날지도 모르니까. 하지만 그런 일은 일어나지 않는다. 시들한 잎을 제거해주지 않으면 양분과 원기를 그쪽으로 빼앗겨 식물이 죽을 수도 있다고 들었다. 그래도 잎을 치면 어딘지 허전하고 부족하고 휑해 보일까 봐 걱정된다. 차라리 시든 잎을 그냥 두는 편이 더 건강해 보이지 않을까. 그런데 잎을 쳐내는 순간, 눈앞에는 잎이 푸르고 생기가 도는 식물만 남다. 조금 전까지 달려 있던 잎은 기억에서 깨끗이 잊힌다.

입자들

 내가 바뀌었다는 것을 알 수 있으려면 먼저 나를 과거의 나에서 완전히 분리해 생각해야 한다. 과거의 여러 '나'들을 나와 별개의 존재로 바라봐야 비로소 어떻게 달라졌는지 눈에 보인다.
 그런데 과거와 현재를 너무 말끔히 분리하면 문제가 생긴다. 어떤 면에서는 내가 여전히 과거의 나와 같다는 사실을 인정하지 않으면, 지금까지 한 일이 모두 내가 아니라 과거의 어린 내가 한 일이 되고, 앞으로 하려고 하는 일이 모두 내가 아니라 미래의 나이 든 내가 할 일이 된다. 그렇다면 현재의 나는 늘 뭔가 하려고 할 뿐 아무것도 한 게 없고 아무것도 이룰 수 없는 신세다. 현재의 나는 그 모든 나 중에서 가장 쓸모가 없다.
 삶을 항상 그런 기분으로 살아야 한다는 게 걱정스럽다.
 그런데 이렇게 생각하면 기분이 조금 나아진다. 나는 과거의 내가 보기에 미래의 나고, 미래의 내가 보기에 과거의 나다. 또 현재의 나는 과거의 나와 미래의 나를 존경 비슷한 마음으로 바라볼 수 있다. 뭔가를 이루었거나 아니면 이룰 사람이니까. 그렇다면 지금의 나도 그런 시선으로 봐줄 사람이 늘 있다는 말이다. 과거의 나와 미래의 내가 그렇게 바라볼 테니. 그렇게 생각하면 부담감이 커지기도 한다. '아니, 나 자신의 기대를 충족하는 것도 힘든데 이제는 이 사람들의 기대까지 모두 충족시켜야 해?? 나만 실망시키는 게 아니라 그 모든 과거와 미래의 나를 실망시키고 있는 거야??' 그렇지만 내가 나를 너그러운 마음으로 바라보지 못할 때, 과거와 미래에 나를 그렇게 봐줄 사람이 있다고 생각하면 아무래도 도움이 된다. 내 능력을 믿어주는 과거의 내가 있고, 지금의 나를 떠올리며 '뭔가를 실제로 이루어낸 나'라고 생각하는 미래의 내가 있다. 항상 그들이 나를 응원하고 있거나, 적어도 나를 생각하고 있다. 그렇다면 혼자라는 느낌이 덜하다. 그리고 지금 내가 있어야 할 곳에 제대로 있다는 기분이 든다.

파동에 관한 사실

물리학 수업에서 배운 내용 중 잊히지 않는 것이 있다. 입자로 이루어진 매질을 통해 파동이 전파되는 원리다. 파동은 입자를 통해 횡방향으로 전파되면서 파형을 만들지만, 입자 자체는 제자리에서 위아래로 움직일 뿐이다. 한 입자가 올라갔다가 내려오면 그 옆의 입자가 올라갔다가 내려오고, 또 다음 입자가 올라갔다가 내려오고…… 이런 식으로 입자들이 순차적으로 들썩거리면서 파동이 만들어진다.

쉽게 이해하려면 잔잔한 연못에 고무 오리 하나가 떠 있는 모습을 상상해보자. 수면에 물결이 일어 고무 오리를 향해 다가온다. 물결이 고무 오리에 이르렀을 때 고무 오리는 물결에 휩쓸리지 않는다. 한 번 올라갔다가 내려올 뿐이다. 물결은 고무 오리 밑으로 지나가고, 고무 오리는 거의 제자리에 머무른다.

이제 고무 오리 여러 개가 일렬로 연못에 떠 있다고 하

자. 물결이 다가와 고무 오리 밑으로 순차적으로 지나갈 때, 고무 오리는 하나씩 오르내리는 동작을 하지만 역시 거의 제자리에 머무르며 흩어지지 않는다.

그렇다면 연못 전체가 고무 오리로 빼곡히 덮여 있다면? 어떻게 될지 그림이 그려질 것이다. 재미있는 상상이다.

그때 고무 오리가 보이는 움직임은 물결이 수면을 가로지를 때 물 입자들이 나타내는 움직임과 똑같다.

물 입자는 파동의 모습을 전혀 보지 못한다. 그저 앞의 입자를 따라 위아래로 움직일 뿐이다.

오직 물 밖에 있는 관찰자만 파동의 모습을 볼 수 있다. 물 입자는 그런 관찰자가 될 수 없다.

내 삶이 파동처럼 빚어지는 모습을 가끔 상상해본다. 파동이 일어나려면 월요일의 내가 움직이고, 이어서 화요일의 내가 움직이고, 다음으로 수요일의 내가 움직여야 한다. 그런 움직임의 연속을 통해 파동이 점진적으로 만들어진다.

우리가 스스로의 변화를 관찰하기 어려운 이유는 우리가 물 밖에 있지 않기 때문일 테다. 각자 제자리에서 오르락내리락하면서, 하루하루 가라앉지 않고 버티느라 여념이 없는지도.

슈뢰딩거의 역설에 대한 첨언

슈뢰딩거의 역설

한 남자가 밀폐된 상자에 고양이 한 마리와 방사성 원자, 독가스 병을 넣는다. 상자에는 방사성 원자의 상태를 감지하여 작동하는 장치가 있어서 원자가 붕괴하면 독가스 병이 깨져서 고양이가 죽고, 원자가 붕괴하지 않으면 독가스 병이 그대로 있어서 고양이가 죽지 않는다. 상자가 완전히 닫혀 있으므로 남자는 상자를 열어보기 전에는 무슨 일이 일어났는지 관찰할 수 없다.

양자 중첩을 주장하는 코펜하겐 해석에 따르면, 관찰되기 전의 원자는 상태가 확정되지 않으며 가능한 모든 상태의 결합으로 존재한다. 즉 붕괴했으면서 붕괴하지 않은 상태로 동시에 존재하다가 관찰되는 순간 하나의 상태로 고정된다.

그러므로 남자가 상자를 열고 고양이의 생사를 확인함으로써 원자의 상태를 관찰하기 전까지 원자는 붕괴한 상태(따라서 독가스 병이 깨져서 고양이가 죽어 있는 상태)이자 동시에 붕괴하지 않은 상태(따라서 독가스 병이 그대로여서 고양이가 살아 있는 상태)인 것이다. 그렇다면 남자가 상자를 열어 무슨 일이 일어났는지 관찰하기 전, 즉 원자가 붕괴했으면서 동시에 붕괴하지 않은 상태일 때, 고양이는 죽어 있는가 살아 있는가?

슈뢰딩거의 역설에 대한 첨언

깜깜한 상자 속에 앉아 있는 고양이는 자신이 죽었는지 살았는지 항상 알고 있을까? 아니면, 객관적 관찰자로서 고양이의 상태에 대한 결정권을 쥐고 있다는 이 남자가 상자를 열고 고양이의 상태를 말해주어야만 비로소 자신의 상태를 알게 될까?

상자가 열리고 고양이가 살아 있음을 확인한 후 남자가 "살아 있다!"라고 선언할 때 고양이는 "살아 있다!"라는 것이 무슨 의미인지 알까?

그렇다면 "죽어 있다!"라는 선언을 한 번도 들어본 적이 없는 그 고양이는 남자에게 "살아 있다!"라는 선언을 듣기 전까지의 자신이 죽은 상태였다고 생각할까, 아니면 자신은 죽은 적이 없다고 생각할까?

남자가 상자를 열 때 고양이는 이번에도 "살아 있다!"라는 말을 듣고 싶은 마음일까, 아니면 한 번도 들어보지 못한 "죽어 있다!"라는 말을 좀 들어보고 싶은 마음일까?

고양이가 상자 밖에 나와 있고 남자가 다른 실험을 궁리하느라 고양이를 필요로 하지 않을 때, 고양이는 평범한 고양이로 사는 삶에 만족할 수 있을까? 아니면 상자로 되돌아갈 날만 하염없이 기다릴까? 자기 몸보다 중요하다고 누누이 들어온 그 실험에 다시 참여할 날만 기다릴까?

만약 남자가 죽으면 고양이는 남자가 죽었다는 사실을 믿을까? 남자가 정말 죽었다면 남자는 왜 자기가 죽었다고 고양이에게 선언하지 않았을까?

남자가 죽으면 고양이는 여전히 남자의 소유일까?

남자가 죽으면 고양이는 자유로워진 기분일까?

이후에 고양이가 실험실 밖으로 나가 다른 고양이를 만난다면, 자신이 살아 있다는 말을 들어본 적도 없고 "살아 있다!"라는 것이 무엇인지도 모르는 고양이들을 보고 어떤 기분이 들까? 자신이 살아 있다는 확언을 들은 고양이로서 살아 있음을 더 강하게 느낄까, 아니면 다른 고양이들에게는 "살아 있다!"라는 선언이 아무 의미가 없음을 깨닫고 살아 있다는 느낌이 오히려 희미해질까?

이제는 살아 있다고 말해줄 남자가 없으니 고양이는 자

신의 상태를 앞으로 영원히 알 수 없으리라는 걱정을 할까? 아니면 학습을 통해 자신의 상태를 스스로 선언할 수도 있을까?

고양이가 자신을 관찰할 수 있는 다른 고양이를 만나면 누가 자신을 관찰하고 있다는 사실만으로 안심이 될까? 아니면 이렇게 외치고 싶은 심정일까? "말해줘! 나 죽었어? 살았어?"

이때 상대방 고양이는 그 물음에 답을 해줄까? 어떻게 답해야 하는지 알기는 할까?

만약 고양이에게 새끼가 있다면, 즉 고양이가 새끼를 원해서 새끼를 키운다면 고양이는 새끼를 그냥 있는 대로, 주어진 상태 그대로 존재하도록 내버려둘 수 있을까? 아니면 다소 과할 만큼 세게, 다소 과할 만큼 오래 끌어안고 새끼들의 작은 귀에 대고 이런 말을 소곤소곤 반복 주입할까? "너희는 살아 있어, 살아 있어, 살아 있어."

4부
안녕하세요

하던 일을 멈추고 바닷속으로 걸어 들어가서

……상쾌하게 수영 한번 하고, 난해한 문제가 알아서 슬슬 풀릴 수 있게 한쪽에 내려놓고, 우선순위를 다시 조정하고, 어디에 시간을 들이고 관심을 기울여야 할지 다시 생각해보면 어떨까?

햇살

요즘은 전보다 휴식을 많이 취한다. 자의는 아니고 엘리사가 그렇게 시키고 있다. 내가 일을 너무 많이 해서 자꾸 번아웃이 오기 때문이다. 둘이서 여러 가지 휴식 활동을 함께 해봤는데, 자연에서 시간을 보내는 것이 가장 즐겁다.

자연에서 휴식을 취하면 차츰 깨닫는다. 사물은 본연의 모습으로 그냥 존재한다. 사람이 저마다 어떤 의미를 부여할 뿐.

해는 그냥 해다. 나무는 주변 환경이 자라기에 적합해서 자랄 뿐이다.

때때로 해가 고루 비치지 않을 때가 있다. 우거진 나무가 하늘을 가려서, 뒹구는 낙엽 몇 개, 작은 들꽃 한 송이, 이끼 한 덩어리만 햇살을 받기도 한다. 그럴 때는 해가 우리 보라고 그런 것을 콕 집어서 비춰주는 듯 느껴진다.

그때 해는 그냥 해가 아니다. 해는 나무 틈으로 새어 들어와, 무대를 비추는 조명이 된다.

마란타

한때 식물이란 늘 가만히 있고 무의미한 존재라고 생각했다. 그런데 식물을 하나둘씩 집에 들여놓고 돌보면서 생각이 바뀌었다. 물을 적절히 주고, 흙을 알맞게 깔아주고, 빛을 알맞게 쬐어주면 식물의 움직임이 보인다. 식물은 가까운 창 쪽으로 빛을 향해 뻗어나간다. 마음먹은 듯 서서히 새잎을 틔우고 오래된 잎을 떨구기도 한다. 식물은 살아 있다.

한번은 엘리사가 마란타라는 식물을 구해 왔는데, 그렇게 움직임이 많은 식물은 처음 보았다.

짙은 녹색 잎에 선명한 분홍색 잎맥이 나 있었다. 물감으로 칠한 듯 강렬한 색이 마치 자기를 좀 봐달라고 하는 것 같았다. 자기는 낮의 모습과 밤의 모습이 다르다면서.

마란타는 밤이 되면 잎이 위를 향해 꼿꼿이 선다. 그 몸을 오므려 자신을 보호하려는 듯 보이기도 하고, 자신의 내면을 바라보며 하루를 성찰하는 듯 보이기도 한다.

아침에 보면 잎이 다시 세상을 향해 활짝 펴져 있다. 새날을 기쁘고 반가운 마음으로 맞는 듯한 모습이다. 매일 아침 일어나서 마란타가 잎을 활짝 편 모습을 볼 일이 기다려졌고, 매일 저녁 마란타를 흘끗거리면서 언제 잎을 오므려 잘 자라는 인사를 할지 기대되었다. 워낙 미세하게 움직여서 움직임을 직접 관찰할 수는 없었지만, 어김없이 밤이면 오므라들어 있고 아침이면 펴져 있었으므로 움직인다는 증거는 확실했다. 마란타 덕분에 매일이 기다려졌다. 하루쯤은 움직임을 쉬고 낮 동안 오므라들어 있거나 밤 동안 펴져 있지 않을까 해서 날마다 주시했지만, 그런 일은 없었다. 마란타의 삶에는 질서와 규율이 있었다.

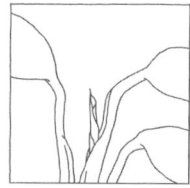

매일같이 수개월, 수년 동안 식물을 돌보면서 깨달은 사실이 있다. 생명에게는 시간이 필요하다는 것. 그리고 대체로 생명은 자기가 시간을 어떻게 써야 하는지 알 만큼 알고 있었다.

언제 돌봄의 손길을 주어야 하는지, 어떻게 환경 조건을 맞춰주어야 하는지 배워가면서 나도 그 생명의 일부가 되어간다.

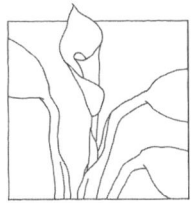

돌보는 식물이 계속 살아주면 덕분에 깨달을 수 있다. 내가 내 몸 밖의 존재에 속해 있으며, 내가 나보다 더 큰 존재라는 것을.

가끔은 식물에서 새잎이 서서히 돋아난다. 말려 있던 잎이 조금씩 펴지면서 커지고, 결국 다른 잎과 구분할 수 없게 된다.

잎이 생겨나는 데 힘을 보탰을지는 몰라도, 실제로 잎을 키워낸 장본인은 식물 자신이다. 그리고 식물은 보답으로 내게도 무언가를 전해준다. 바로, 식물이 자라는 동안 나도 자랐으리라는 깨달음이다. 나도 어떤 식으로든 서서히 피어나고 있으리라.

식물을 돌보면서 작은 성장이 모여 큰 성장이 되고 거기서 또 작은 성장이 일어나는 모습을 통해, 사람이 그렇고 세상 만물이 그렇듯 식물도 시간이 필요하다는 사실을 잘 알게 되었다. 식물은 몇 주, 몇 달, 몇 년에 걸쳐 변화하고 성장한다. 얼핏 봐서는 생명의 약동이 느껴지지 않지만, 움직이고 있으며 자라났다는 것을 깨닫는 순간 짜릿한 전율이 밀려온다. 모든 식물은 생명력으로 요동친다. 우리 눈에 그 요동이 슬로모션으로 보일 뿐.

반면 식물이 보기에 우리는 무척 수선스러운 존재일 테다. 내가 돌아다니는 모습이 식물의 눈에 어떻게 비칠지 종종 상상한다. 잠시도 쉬지 않고 앉았다, 섰다, 앉았다, 누웠다, 앉았다, 섰다, 앉앉다, 섰다, 앉았다를 고속 재생 영상처럼 어지럽게 반복하고 있으니. 결국 식물이 지쳐서 한숨을 내쉬며 이렇게 중얼거릴 것 같다. "그만 좀 해. 잠시도 가만히 못 있네. 제발 단 몇 주만이라도 가만히 좀 있어봐."

제대로 돌보지 못해 잎을 오그라뜨리며 마른 잎을 하나씩 떨어뜨릴 때에도, 마란타는 아침이면 몇 안 되는 잎을 활짝 펴며 하루를 맞고, 밤이면 남은 잎을 오므리며 잘 자라고 인사했다.

결국 마란타는 제대로 보살피지 못한 내 잘못을 상징하듯 잎을 단 한 개만 남겼다. 하나 남은 잎마저 아침마다 앞으로 굽어서, 이제는 활짝 폈다기보다 고개를 수그리고 인사하는 모습 같았다. 빛이 고맙고, 하루라도 더 살 수 있어 감사한 듯했다.

　　그리고 밤이 되면 꼿꼿이 고개를 세웠다. 고통을 인내하며 해를 기다리는 모습이었다. 아니, 어쩌면 살아서 해를 한 번이라도 더 볼 수 있길 염원하는 모습인지도.

　식물이 잘 커나갈 때는 행복을 음미하는 방법을 몇 주, 몇 달에 걸쳐 천천히 배우는 기분이다. 마찬가지로, 식물은 죽을 때도 마르거나 시들거나 뿌리가 썩으면서 천천히 죽어간다. 예전에는 식물이 천천히 죽어가는 모습을 보고 싶지 않아서 되살리기 어렵겠다 싶으면 바로 퇴비 통에 버렸다. 그러나 이제는 식물의 느리고 슬픈 죽음을 지켜보면서, 공포와 좌절과 무력감과 죄책감이 밤낮으로 거듭하며 천천히 피어나는 그 모습에도 어떤 평온함이 깃들어 있음을 깨닫는다. 식물은 내게 그런 감정을 느끼고 받아들이는 법을 무척 천천히 가르쳐준다. 어느 날, 아무것도 더 가르쳐주지 못하게 될 때까지.

그리기와 식물 그리기

　나에게는 한 가지 특징이 있다. 무슨 식물이든 그려놓은 그림을 보면 경외감에 휩싸인다는 것. 나도 모르게 그렇게 된다. 난 단순한 사람인가 보다. 식물 그림만 보면 마냥 들뜬다.

　모든 그림은 그린 사람을 반영한다. 누군가가 굳이 특정한 대상을 골라서 묘사한 것이니 그 사람만의 시각이 담겨 있다. 자기 눈에 띈 대상을 자기 눈에 보이는 모습대로, 주관적으로 담아낸 게 그림이다.

　머릿속에 박혀 있는 그리기 관련 격언이 하나 있다. '눈에 띄는 것을 그려라'라는 말이다. 빼곡한 디테일도 좋고, 특이한 선 하나도 좋고, 색다른 곡선도 좋다. 혹은 일부러 그리지 않을 수도 있다. 다른 사람이 보기엔 있어야 할 요소를 생략하는 것이다. 그렇게 하여 그림은 그린 사람만의 것이 된다. 그리기는 관심과 애정을 시각적으로 드러내는 행위다. 그림은 애정의 결과물이자 애정의 증명이다. 관심과 시간을 쏟아야 나오는 게 그림이다.

식물도 관심과 시간의 결과물이자 증거다.

식물 그림에서 눈을 떼지 못하는 이유가 거기에 있다. 식물 그림은 시간을 들여야 하는 존재를 시간을 들여서 그린 것 아닌가.

식물을 그리다 보면 내가 시간을 들여 돌본 존재의 세세한 특징을 충분히 시간을 두고 살펴보게 된다. 그리고 오랜 시간 꾸준히 관심을 기울일 수 있었음에 감사함을 느낀다. 무엇보다, 그림이 증거로 남는다는 사실이 좋다. 내가 그림 속 존재에 모든 시간과 관심을 쏟았다는 일종의 증표라고 할까. 그 모든 시간과 관심이 그 존재 자체에만 흡수되고 마는 것보다 나은 듯하다.

피토니아

예전에 실내 식물을 처음 키울 때 피토니아, 스킨답서스, 재닛 크레이그를 하나씩 샀다(재닛 크레이그는 사람 이름인데, 누구일까? 왜 사람 이름이 식물에 붙었을까? 내 이름을 식물에 붙이려면 어떻게 해야 하는 걸까?). 셋 다 키우기 아주 쉽다면서 매장에서 추천한 식물이었다.

재닛 크레이그는 그중에서도 가장 키우기 쉬웠지만 키우는 재미가 제일 떨어졌다. 물을 많이 주건 적게 주건 변화하거나 움직이는 기색이 전혀 없었다. 그러다가 어느 날 작고 여린 잎이 가운데에서 돋아나서 놀랐는데, 그게 다였다. 불쑥 나타난 잎은 몇 달이 지나도록 자랄 기미가 전혀 보이지 않았다.

스킨답서스도 키우기 쉬웠다. 빛이 잘 안 드는 곳에서도 잘 자라고, 물을 제때 주지 않아도 별 탈이 없다. 그리고 물만 꼬박꼬박 주면 쑥쑥 자라서 키우는 재미가 있다. 며칠 만에 잎이 피고, 몇 주 만에 덩굴이 자랐다. 조금씩 움직이기도 했다. 물을 주면 줄기가 단단해지고 잎이 창 쪽을 향해 고개를 들었다.

하지만 피토니아는 속을 썩였다. 전혀 키우기 쉽지 않았다. 연약한 데다 물 주는 주기에 민감한 듯했다. 물, 햇빛, 습도, 온도, 관심…… 어느 하나라도 부족하면 죽는 시늉을 했다. 바로 전날까지 멀쩡하다가도 어느 날 갑자기 모든 잎이 하나같이 메마르고 시든 모습이 되었다. 잎이 눈길을 끌려고 동시에 시위라도 벌이기로 약속한 듯했다.

한번은 세 식물 다 일주일쯤 물을 주지 않았다. 마감에 온통 정신이 팔려 마감과 관련 없는 일은 모조리 까맣게 잊은 터였다. 그래도 두 식물은 별 이상이 없었는데, 피토니아는 인정사정없이 시들어버렸다. 잎이 화분 밖으로 축 처지고, 한숨을 내쉬듯 맥없이 널브러져 내게 봐달라고 애원하고 있었다.

처음 그런 상황이 벌어졌을 때 피토니아가 틀림없이 곧 죽을 것이며 되살릴 가망이 없으리라고 생각했다. 그래도 혹시나 하는 순진한 마음으로 물을 줘보았다. 피토니아는 내가 관심을 기울이자 단 몇 분 만에 생기가 돌더니, 단단하고 빳빳해지면서 우뚝 일어섰다. 마치 아무 일도 없었다는 듯이.

관심

사람들과 대화할 때 이런 개념을 기억하면 불안감이 좀 덜해진다. 대화는 시간과 관심을 다른 사람에게 선물하는 행위라는 것. 내 대화 상대는 주변에서 일어나는 어떤 일보다 내가 더 중요하다고 판단하여 내게 시간을 내어주기로 결정한 것이고, 나도 마찬가지다. 전에는 상대방이 내게 시간과 관심을 들인 보람이 있을까 하는 걱정 때문에 스트레스를 많이 받았는데, 요즘은 이런 생각을 한다. 내가 다른 사람에게 시간과 관심을 내주고 싶을 때는 기분이 무척 들뜨지 않는가. 상대방도 어느 정도는 비슷한 감정을 느끼지 않을까. 나는 내 시간과 관심을 내주고, 상대방은 자신의 시간과 관심을 내준다. 그러면서 서로 기대한다. 여건이 좋거나, 적어도 나쁘지 않다면, 뭔가 의미 있는 성과가 저절로 만들어지리라고. 그렇게 생각하면 마음이 좀 편해진다.

대화에 열심히 임한다는 것

내가 생각하기에 문자 대화를 정말 잘하는 친구가 한 명 있다. 문자 대화에선 대화에 열심히 임하고 있다는 신호를 상대에게 보내려면 나름의 방법을 강구해야 한다. 나는 문자 대화를 할 때 고민한다. 눈을 맞추는 행위에 해당하는 행동이 만약 있다면 과연 무엇일까? 적극적 경청에 해당하는 행동은 무엇일까?

그 친구가 문자 대화를 잘한다고 생각되는 이유가 있다. 그 친구와 문자 대화를 나눌 때는 정말로 함께 있다는 느낌이 든다. 대화를 이어가기 위해 몇 분, 길게는 몇 시간을 기다릴 필요가 없다. 직접 마주 앉아 대화하는 기분이다. 내가 문자메시지를 보내면 친구가 곧바로 타이핑한다. 말풍선에 움직이는 말줄임표가 떠오른다. 친구의 문자메시지가 오면 나도 바로 타이핑한다. 그런 식으로 계속된다.

문자 대화에서 내가 생각하는 적극적 경청은 어쩌면 이런 것이라 할 수 있겠다. 상대방이 타이핑하는 게 보이면 나는 타이핑을 멈춘다. 내 말이 상대방 말을 막지 않게 하려는 것이다. 발언권을 양보하는 기분으로, 상대의 말이 대화의 중심이 되어 대화를 이끌어나가게 한다. 내가 그렇게 하면 친구도 똑같이 해주는 느낌이 든다. 우리가 대화할 때 한 사람이 타이핑하는 동안 다른 사람이 잠깐 침묵하는 행동은 부재가 아닌 주목의 표현이다.

문자 대화를 잘하는 그 친구는 대화를 마칠 때도 말을 하고 자리를 뜬다. "미안, 나 지금 회의 들어가야 해"라거나 "이제 저녁 차려야겠다"라거나 그냥 "나 갈게!"라고 한다. 내게 주목하고 있을 때와 그렇지 않을 때가 워낙 분명히 구분되기에 전자일 경우에는 적극적으로 대화에 임하고 집중하고 있다는 느낌이 든다.

증거

불안이 심해지고 있음을 처음 느낀 것은 고등학교 때였다. 나는 늘 조용한 사람이었지만, 남들과 대화하거나 함께 있거나 하는 상황에서 불안감이 엄습하고 땀이 나고 때로는 속이 울렁거리는 현상이 점점 뚜렷하게 느껴졌다. 대화 내용을 미리 짜놓기도 하고, 대화 상대에게 어떤 식으로 인사를 건넬지 생각해놓기도 했다. 상대의 관심을 끌 만한 주제를 미리 추려놓고, 그 주제에 관해 재미있거나 흥미로울 만한 말을 생각해놓았다. 그런데 어찌어찌 그 사람에게 말을 붙이고 이야기를 어느 정도 이어가다 보면, 미처 대비하지 못한 쪽으로 대화가 흘러갔다. 내가 준비하지 못한 다른 주제가 등장하고, 준비한 주제도 파고들다 보면 미처 준비하지 못한 내용이 나오기도 했다. 대화가 잘 이어지고 전개되기 좋은 여건이면 이야기가 저절로 가지를 뻗어나가기 마련인데, 그럴 때마다 무방비 상태에 놓인 기분이 들었다. 혹시라도 말을 잘못하는 바람에 대화가 끝나버릴까 봐 불안해서, 그런 사태를 막으려고 최대한 빨리 먼저 대화를 끝내버렸다. 그러면 대화가 끝나는 건 물론 어쩔 수 없었다. 그래도 그런 식으로 끝내면 건물 폭파 공법을 쓰는 것처럼 어느 정도 통제된 방식으로 무너뜨리는 느낌이었다. 헤어지고 나면 방금 나눈 대화를 머릿속에서 반복 재생하면서, 내가 준비하지 못한 상황이 왜 발생했는지 생각해보았다. 그때 내가 무슨 말을 해야 했는지 되짚고, 다음에 이 주제가 또 나올 경우에 대비해 할 말을 다시 궁리해 추려놓았다. 나는 정보 처리가 너무 굼뜬 것 같았다. 그 자리에서는 머리가 빨리 돌아가지 않고, 할 말을 세심하게 준비할 시간도 없는 느낌이었다. 그러니 당황하여 아무 말도 하지 못하거나, 조리 있는 의견을 조리 있는 말로 조리 있게 도무지 표현하지 못하기 일쑤였다.

고등학교 때는 인스턴트 메신저로 대화를 많이 했다. 우리 학교 학생들은 하나같이 'MSN 메신저'를 썼다. MSN으로는 대화하기가, 뭐랄까, 더 쉬웠다. MSN에서 타이핑할 때면, 늘 머릿속으로 상상했던 나의 말하는 모습에 더 가깝게 말이 나오는 느낌이었다. 응답하기 전에 항상 몇 초 정도 시간 여유가 있고 대화에 어느 정도 지연이 있기 마련이니, 그동안 적절한 말을 고르고 내용과 형태를 미리 생각해서 할 수 있었다. 내가 원래 갖고 있던 능력을 십분 발휘

해 더 정확히 의사소통할 수 있는 느낌이었고, 그렇게 똑똑하고 재미있고 사려 깊고 흥미로운 사람이 될 수 있었다.

말하는 법을 채팅으로 배운 셈이다.

직접 대화하는 일은 거의 없고 MSN으로 맨날 대화하던 학교 친구가 한 명 있었다. 그 친구가 여름 캠프에 가 있는 동안 우리는 서로 편지를 주고받았다. 그때 편지 쓰는 솜씨가 부쩍 늘었다. 시간을 들여 열심히 글을 쓰고 여러 장의 결과물을 만들어내는 일이 즐거웠고, 친구가 보낸 답장을 읽는 것도 즐거웠다. 친구도 내게 편지를 쓰기 위해 시간을 들인 게 분명했다. 편지를 읽을 때는 친구가 쏟은 시간을 내 손에 들고 있는 기분이었다.

가을에 개학하고 나서 보니, 여름 내내 편지를 주고받으며 친해진 우리이건만 직접 대화할 때는 왠지 그렇지 않았다. 얼굴을 보고 대화할 때는 글로 대화할 때만큼 높은 수준의 교감을 할 수 없는 듯했다. 나는 결코 글로 말할 때만큼 재미있고 사려 깊고 생각을 명료하게 표현하는 사람이 될 수 없었다. 그래서 우리 사이에는 학교에서 서로 피해 다니기로 무언의 협약 비슷한 것이 저절로 맺어졌다. 직접 대화해야 하는 상황을 피하기 위해서였다. 그래도 방과 후에는 여전히 매일같이 MSN에 접속해 몇 시간씩 채팅하면서 밤이 깊도록 즐거운 대화를 나누었다.

처음에 온라인 대화를 좋아한 이유는 목소리로 대화하는 게 불안하기 때문이었지만, 문자로 소통하는 방식에는 뭔가 마음을 끄는 색다른 특징이 있었다. 문자로는 의미와 뉘앙스와 감정을 여러 가지 방법으로 전달할 수 있고 더 능숙하게 구사할 수 있었으므로, 딱 내가 하고 싶은 말, 하려고 하는 말을 정확하게 할 수 있었다. 이제는 대면 대화를 잘 못한다고 해서 재미있고 세심하고 다정하고 사려 깊은 내 면모를 발휘하지 못할 이유가 없었다. 내가 알고 있던 본래 특성을 오롯이 전달할 방법을 마침내 찾은 것이다.

문자 대화에는 어떤 구체적이고 실제적인 무언의 규칙이 있어서, MSN에서는 누구나 그것을 따르는 듯했다. 세상의 모든 의사소통 규칙 중에서 내가 처음으로 정말 손바닥처럼 안다고 자신할 수 있던 규칙이다. 이를테면 이런 것이었다. 대문자와 소문자를 어떤 식으로 쓰는지에 따라(모두 소문자로, 모두 대문자로, 혹은 정서법대로 문장의 첫 글자만 대문자로) 각각 의미가 달라진다. 한 단어짜리 메시지를 연달아 여러 개 보내는 것과 긴 내용을 한 번에 보내는 것도 의미가 다르다. 다양한 이모티콘은 모두 나름의 의미가 있고, 그것을 활용해 말로 표현하기 어렵고 대면 대화에서는 어떻게 전해야 하는지 알 수 없었던, 구체적인 감정을 전달할 수 있다. 문장 끝에 점을 찍거나, 느낌표를 찍거나, 느낌표를 여러 개 찍거나, 점을 여러 개 찍거나, 문장부호를 아예 쓰지 않는 것이 다 의미가 다르다. 예를 들어, 말끝에 물음표 한 개를 붙이면 무슨 시험 문제처럼 느껴져 너무 진지해 보이거나 따지는 것 같거나 우월감을 내비치는 것 같았기에 나는 그렇게 하지 않았다. 이 모든 대화 방식이 이해하고 알아보기가 무척 쉬웠다. 해독하기도, 의미와 뉘앙스를 정확히 전달하기도 훨씬 쉬웠다. 그에 반해 표정, 제스처, 목소리 등 대면 대화에서 쓰는 수단은 도저히 능숙하고 세밀하고 정확하게 구사할 엄두조차 나지 않았다.

온라인 대화가 좋았던 점 또 한 가지는 상대가 대화에 열심히 임하는지를 훨씬 쉽게 알 수 있다는 것이었다. 상대가 나와 대화를 하고 있다면 하고 싶어서 하는 것이다. 하고 싶지 않다면 상태 표시를 '오프라인'으로 돌려둘 수도 있고, 바로 응답하지 않고 한참 뒤에 "미안, 컴퓨터 안 하고 있었어"라거나 "미안, 숙제하고 있었어"라고 핑계를 댈 수도 있으니까. 대면 대화를 할 때는 항상 내가 사람들을 귀찮게 하는 느낌이었다. 각자 뭔가 나름대로 할 일을 하던 중에 내가 말을 걸어서 방해하는 게 아닐까 싶었다. 대화를 피할 구실이 마땅히 없어서 어쩔 수 없이 대화에 응하는 것 같았다.

직접 나누는 대화에는 이렇다 할 형체도 없었다. 나누

고 난 대화는 사라져버리고, 존재했다는 물증이 남지 않는다. 물론 각자의 기억은 남지만 내 기억과 상대방의 기억이 전혀 다르지 않을까 하는 걱정을 떨칠 수 없었다.

반면 MSN에서는 대화를 나눴다는 증거가 확실히 있었다. 대화 내용이 글로 남으니까! 누가 한 말이 생각나지 않거나 누가 나를 싫어하지 않나 걱정되면, 대화창을 위로 스크롤해서 전에 나눈 대화를 읽어보면 된다. 그간 서로에게 적잖은 시간과 관심을 쏟았음을 보여주는 물증이랄 것이 남아 있으니 마음이 놓였다.

그뿐이 아니었다. 우리가 그곳에 적어놓은 말에는 수많은 장면이 담겨 있었다. 배꼽을 잡은 순간, 정말 웃긴 농담, 깊은 생각과 통찰, 관심과 우정과 비밀과 기쁨……. MSN으로 대화할 때는 왠지 진짜 대화보다 더 진짜 같은 느낌이었다. 모든 게 글로 기록되니까.

그리고 패추Patchou의 메신저 플러스!Messenger Plus!라는 확장 프로그램을 설치하면 다양한 기능을 사용할 수 있었다. 글자 서식을 바꾸고 상태 메시지를 사용자 지정 문구로 변경하거나 키보드 입력이 한동안 없을 때 자동 응답을 설정해두는 식이었는데, 그중에는 대화 기록을 컴퓨터 폴더에 텍스트 파일로 저장해주는 기능도 있었다. 굳이 열어서 읽어본 적은 없지만 그 기능이 있어서 안심됐다. 친구와 대화할 때마다 수많은 글자가 담긴 '.txt' 문서가 어느 폴더에 계속 만들어지고 있다는 사실이 무척 흡족스러웠다. 대화만 하면 소설이 써지는 셈이었다. 아니, 대본이 써진다고 해야 할까. 혹은 그 이상의 어떤 것이 만들어지고 있는지도 몰랐다. 그렇게 생각하면 우리가 나누는 대화는 단순한 대화가 아니고, 여러 해에 걸쳐 함께 수많은 글자를 써나가면서 뭔가를 공동으로 만들고 있는 기분이었다. 마치 우정을 글로 빚어낸 듯한 느낌이라고 해야 할까.

시간 낭비에 노력 낭비

토론토에 있는 '리허설 팩토리' 건물에 들어서는 순간, 여러 연습실에서 흘러나오는 소리가 일제히 온몸을 휘감는다. 온갖 소리가 한꺼번에 들려오면서도 소리 하나하나가 또렷하게 구분된다. 한 덩어리로 밋밋하게 섞이는 게 아니라 만화경처럼 모였다가 흩어진다. 열여섯 개의 방에서 만드는 열여섯 개의 조각이 합쳐져, 마치 이 건물에서 지금까지 만들어졌던 모든 소리를 추려놓은 컬렉션처럼 들린다. 예약한 연습실이 운 좋게 삼 층에 있으면, 일 층 입구에서 계단에 올라 1-8호실이 있는 이 층을 지나 9-16호실이 있는 삼 층으로 가는 동안, 각 층에서 흘러나오는 소리를 들으면서 밴드 하나하나의 일원이 되는 기분을 느낀다. 기존 곡을 커버하며 합주를 연습하는 청소년 무리의 일원이 된다. 아침에 토론토에 도착해 저녁에 공연할 레퍼토리를 연습하는 투어 뮤지션 무리의 일원이 된다. 새 곡을 창작하는 젊은 아티스트 무리의 일원이 된다. 그 모든 것이 가능한 이유는 내가 잠깐이나마 그들의 작업에 참여하기 때문이다. 그들 자신 외의 유일한 청중이자 목격자로서 그들이 만드는 소리를 듣고 있으니까. 내가 여기 온 목적은 옛 친구 무리의 일원이 되어 함께 음악을 만들기 위해서다. 오늘 저녁 이전에는 세상에 없던 음악이자, 이후에는 다시 연주되지 않을 음악이다.

'리허설 팩토리'를 떠날 때는 다른 방에서 나는 소리가 귀에 들어오지 않는다. 이제 그곳엔 나와 밴드 멤버만 있을 뿐이고, 머릿속엔 우리가 함께 만든 소리만 가득하다. 허공에서 뚝딱 생겨나서는 귀에 들어오는 순간 다시 허공으로 흩어진 소리다. 그곳을 떠날 때는 귀가 윙윙 울리고 꽉 찬 느낌이라, 다른 연습실에서 흘러나오는 소리가 더는 귀에 들어오지 않는다. 금속 숫자로 방 번호가 붙어 있는 얇은 문이 밖으로 새어 나오는 소리를 거의 막아주지 못하는데도 그렇다.

문은 물론이고 벽도 방음 처리가 되어 있지 않으니 '리허설 팩토리'는 음악 연습 공간으로 삼기에 조건이 열악하다고 볼 수도 있다. 하지만 바로 그 점 덕분에 즉흥적으로 음악을 만들기에는 안성맞춤인 곳이다. 이곳에서는 그야말로 뭔가의 한복판에 있는 기분이다. 피뢰침처럼, 혹은 영매처럼, 내가 겪는 경험과 주변에서 일어나는 상황을 무엇이든 서로 연결 지을 수 있을 것 같다. 다행히 우리가 여기 모인 목적이 바로 그것이다. 드럼 소리와 함께 흘러가는 시간 속에서, 그 자리에서 떠오르는 것과 각자가 가진 것을 되는 대로 끄집어내 무엇이 되든 함께 만들어보자는 것이다. 드럼을 맡은 레이는 처음에는 일정한 리듬을 유지하다가 나중에 지루해지면 속도와 박자를 내키는 대로 이리저리 바꾸는데, 그렇게 뚜렷한 모습으로 끝없이 변화하는 시간에 맞춰서 우리는 계속 진행해야 한다. 뭐든 가진 것을 활용해 각자 나름의 방식으로, 시간을 소리로 바꿔나간다.

리허설 팩토리는 원래 아파트 건물이었던 것 같다. 아니면 사무용 건물이었는지도 모른다. 공장은 아니었겠지만, 음악 연습 시설에 '팩토리'라는 이름이 붙어 있으니 일종의 '일하는 공간'을 자처하고 있는 듯하다. 벽이 얇아서 연습실에 들어와 있어도 좌우에서, 그리고 위에서(연습실이 이 층인 경우) 아래에서(삼 층인 경우) 다른 연습실 소리가 들려온다. 벽에는 검은 커튼이 둘러져 있다. 방음 커튼은 아니지만 검은색이라는 점 때문에 바깥 소음을 막아준다는 착각을 불러일으킨다. 이 방의 소리가 새어 나가지 않게 막아주겠다고 안심시키는 것 같기도 하다.

토론토를 떠난 후로 리허설 팩토리에 오기 시작했으니 거의 십 년 전이다. 토론토에 와서 며칠 머물 때마다 항상 들르는 장소다.

　토론토에 올 때마다 전에 함께 연주하던 재즈 친구들에게 메시지를 보내 이곳에서 모임 약속을 잡으려고 한다. 만나면 몇 시간 정도 즉흥 연주 시간을 갖는다. 내가 밴드의 '재결합'이라도 주도하는 기분인데, 사실 밴드는 내가 이사 간 후에도 나 없이 계속 정기적으로 만나 연주하고 있으니 '재결합'은 나 혼자 하는 셈이다.

　베이스 기타를 치는 라이언이 늘 연습실 예약을 맡는다. 레이는 드럼을 친다. 키보드를 연주하는 마크는 항상 자기 노트북 컴퓨터를 가져오는데, 직접 고안한 온갖 소리와 효과가 저장되어 있어서 누가 "80년대 신스팝!" "파이프 오르간!" 등을 외치거나 잔잔한 피아노 소리를 주문하면 그 스타일에 맞는 사운드를 곧바로 척척 만들어낸다. 그리고 모임을 할 때마다 새 효과를 가지고 와서 시험해보거나 우리에게 들려준다. 기타는 케빈이 토론토에 있으면 케빈에게 맡기고, 케빈이 없으면 제프를 부른다. 나는 맥주를 한 상자 가져오고, 가사를 짓는다. 요즘 종일 하는 일이 영구히 남는 형태의 글을 쓰는 것이라서, 이렇게 생각나는 대로 무슨 말이든 지껄여 글을 짓는 시간이야말로 반가운 일탈의 기회다. 원고 같은 것은 없다. 아무 준비가 없는 상태에서 한다. 프리스타일 랩이라기보다는 음악을 배경으로 들려주는 스토리나 에세이 또는 독백에 가깝다. 친구들이 생각나는 대로 자유롭게 연주하는 음악에 생각나는 대로 자유롭게 말을 얹은 셈인데, 처음에는 겁났지만 차츰 해방감이 느껴졌다. 해방감을 느낄 수 있는 이유는 하나다. 함께 연주하는 이가 내가 믿는 사람들이고 같이 있으면 마음이 편한 사람들이라는 것. 어쩌면 내가 연습하는 것은 음악이라기보다 그런 편안함과 신뢰감을 조성하는 방법인지도 모른다.

멤버 구성은 매번 조금씩 바뀐다. 라이언, 레이, 마크, 케빈/제프는 중심 멤버지만, 다른 음악 친구들도 시간이 되는 대로 오라고 부른다. 나는 항상 동생에게 오라고 부추기고, 동생은 오면 노래를 한다. 어맨다도 시간이 될 때마다 오는데, 목소리만으로 모든 악기를 더 돋보이고 세련되게 만드는 재주가 있다. 내 절친이자 '연극·영화 배우'인 케빈(중심 멤버 케빈과 동명이인이다)도 가끔 오는데, 말도 안 되는 가사를 귀에 착착 감기는 멜로디로 감미롭게 부르며 분위기를 압도한다. 그의 배우자 대니는 듣기만 하고 아무리 부추겨도 노래를 부르지 않지만, 예전에 뮤지컬 배우를 했었다. 우리도 노래를 들어봤는데 정말 멋지게 부른다.

우리 중 직업적으로 음악을 하는 사람은 없다. 재즈 친구들은 이곳저곳에서 공연하긴 하지만 다들 본업이 있다.

공연은 그냥 함께 연주하기 위한 구실에 가깝다. 나는 글 쓰는 게 직업이다. 내 동생은 학생이다. 우리는 무엇을 연습하러 온 사람들이 아니기에, '팩토리'라는 이름에 걸맞게 시설을 이용하고 있는 것 같지는 않다. '생산적'인 결과물이 나올 게 없으니까. 공연하거나 앨범을 만드는 것도 아니고 무슨 프로젝트를 하는 것도 아니다. 아버지는 어이없어하신다. "시간 낭비에 노력 낭비야! 그런 것 말고 좀 생산적인 일을 하지?"

*

나는 내가 평생 일을 한다는 게 당연하게 생각된다. 그러지 않는 세상은 상상하기 어렵다. 내가 아는 한 만국 공통어에 가장 가까운 것은 일이 아닐까 싶다. 항상 일을 해야 한다는 압박감이 나를 짓눌러서 매사 우선순위가 거기에 좌우된다. 누구와 만나고 무엇을 하는 데 시간을 쓸지 하는 문제가 다 그렇다.

일에서 벗어나 자유를 누리는 것도 상상하기 어렵다. 내가 일하지 않고도 잘 살아가는 장면이 그려지지 않는다.

그러니 자발적으로 선택한 활동에, 자발적으로 선택한 동료들과 함께 시간과 노력을 기울이면서 작은 자유, 아니

눈곱만큼의 위안이라도 얻는 게 아닐까.

그래서 토론토에 오면 '리허설 팩토리'에서 친구들과 모임을 갖는다. 라이언이 잡아놓은, 운 좋으면 삼 층에 있는 연습실에 몇 시간 동안 모여 허공에서 음악을 뚝딱 만들어 허공으로 다시 흩뜨린다. 그곳엔 우리뿐이고 관객은 없다. 있다면 연습하러 가는 길에 우리 방 앞을 지나가는 사람들, 그리고 인접한 방에서 우리 연주에 끊임없이 섞여드는 연주를 하는 이들이 전부다. 내가 어둠 속에서 외친다. "흥겹게, 축하하는 느낌으로 가보자." 그러면 친구들이 이런 소리를 냈다가 저런 소리를 냈다가 하면서, 어쩌면 늘 들었던 것 같기도 한 음악이 차츰 모양을 잡아간다. 그러면 나는 거기에 노랫말을 얹어서 음악의 귀퉁이와 틈새를 모두 채우려고 노력하는데, 하다 보면 이 곡이 원래부터 알던 곡이라는 착각이 든다. 그러다가 다들 아이디어가 바닥나면 곡을 마무리하기로 무언의 합의가 이루어지고, 이어지는 정적 속 잠시 가만히 앉아 있는다. 이야기하며 근황을 좀 나누기도 한다. 그러다가 누가 또 새로운 아이디어를 내고, 다들 거기에 맞춰 또 새 곡을 만든다.

그렇게 계속 반복하다가 연습실을 빌린 세 시간이 다 되면 모임을 마치는데, 세 시간이면 우리가 녹초가 되고 탈진하는 데에, 그리고 함께 무언가를 만들어냈다는 흐뭇함에 젖는 데에 모자라지도 남지도 않고 딱 맞는 느낌이다. 뿌듯하고 지치고 배고픈 상태로 그곳을 나선다. 함께 트램 정거장으로, 지하철역으로 걸어가면서 한 명씩 헤어지고 차츰 뿔뿔이 흩어진다. 지난번에 그랬듯이 이번에도 같은 모습으로.

매번 모임이 끝나면 이런 생각이 든다. 굳이 고생해가면서 이렇게까지 하지 않아도 되는데 우리는 무엇 때문에 이 활동을 열심히 이어가는 걸까.

가끔은 추운 바깥으로 걸어 나가면서(토론토에 관한 내 기억은 모두 겨울이 배경인 것 같다) 누군가가 이런 농담을 한다. "우리 앨범 언제 나와?" 그러면 나도 덩달아 아무래도 우리가 들인 시간을 다 무위로 만들 수는 없다며 "휴대전화에 다 녹음해놨어"라고 한다. 집에 가서 녹음 파일을 모두에게 보내면 다들 그날 우리가 만든 소리 몇 토막을 각자 들어본다. 거기엔 우리가 곡의 모양을 잡아가면서 벌스와 코러스와 훅 등 각 부분을 만들어가는 과정이 담겨 있다. 물론 완벽하진 않지만 애초에 완벽이 목표가 아니었으니 어찌 보면 전혀 부족함이 없다.

언젠가 이걸 가지고 앨범을 만들자고 한 약속을 생각해본다. 아마 그런 일은 없으리라는 것을 알기에, 오히려 자신감이 생기고 의욕도 솟는다. 각자 사는 데 워낙 바빠서 그걸 다 분류하고 정리할 시간이 없기도 하지만, 내 생각에 앨범이 나올 수 없는 더 큰 이유는 따로 있다. 바로 이 활동의 즐거움은 작업물을 거침없이 날려버리고 또 그 날려버림을 자축하는 데 있다는 것, 작업물을 허공으로 돌려보내는 것에 있다는 점이다.

내 경우에는 전적으로 그렇게 할 용기가 없으니, 모든 과정을 휴대전화에 남겨 그런 활동이 실제 있었다는 증거로 삼되 그걸로 아무것도 하지 않는 게 즐거움이랄까.

한때는 이 친구들과 함께 밴드 활동을 하면 좋겠다는 꿈이 있었다. 앨범을 만들고, 음반을 내고, 어쩌면 몇 군데서 공연도 하고. 그러다가 내가 타지로 이사 갔고, 옮겨간 도시마다 음악을 함께 할 사람을 새로 찾아보았지만 의기투합할 사람이 없어서 잘 되지 않았다. 결국은 친구들과 떨어져 지낸 시간이 길어지고 세월이 흐르면서 꿈을 접어야 했다. 그 꿈을 품고 있으면 음악을 가까이 하기조차 어려웠기 때문이다. 너무나 오랫동안, 너무도 멀리 떨어져 지낸 친구들과 음악을 같이 하고 싶은 갈망이 피어올라 견딜 수 없었다. 그러나 꿈을 접고 나니, 조금 다른 형태로 꿈을 다시 만나는 즐거움이 생겼다. 다만 이제는 꿈이 크지 않다. 기회 될 때마다, 운 좋으면 일 년에 한두 번 아무 목표 없이 활동 자체에만 의미를 두면서 함께 연주하는 정도다. 타협인지도 모르겠다. 실패의 인정, 또는 우리가 결국 꿈을 이루지 못했다는 무언의 수긍인지도 모른다. 아니면 전보다 더 순수한 꿈을 갖게 된 셈일까? 그저 옛 추억을 되살리면서 우리가 늘 함께 연주하던 시절의 끈끈한 정을 다시 느껴보려는 걸까, 아니면 이건 예전과는 다른 새로운 것일까. 어쩌면 잃어버린 꿈을 되살리려는 게 아니라, 꿈의 소멸을 애도하고 축하하면서 대신 새로운 무언가를 향해 나아가고 있을지도 모른다.

무언가를 만들 때는 '어떤 목적으로' 또는 '어떤 이유로' 만들어야 한다는 압박이 많이 따른다. '그런데 왜?' '그런데 누구를 위한 거야?' '결과물이 잘 나왔어?' '시간 낭비에 노력 낭비야!' '그런 것 말고 좀 생산적인 일을 하지?' 같은 요구도 많다. 이런 말들은 '창작자 자신을 위한 창작'의 의미와 가치를 깎아내리는 듯하다. 창작을 가장 필요로 하는 사람은 창작자 본인일 수도 있는데 말이다.

그래서 토론토에서 친구들과 모일 때면, 우리가 온몸으로 이렇게 말하고 있다는 생각이 든다. 우리가 힘들여 무엇을 함께 만드는 건 우리를 위해서일 뿐, 다른 누구를 위해서도 아니라고. 그러는 동안 우리는 비록 잠깐이나마, 매사에 이유가 있어야 한다는 압박에서 벗어난다.

5부 다시 안녕하세요

스킨답서스

스킨답서스는 빛을 아주 적게 받아도 잘 자란다는 말을 어디서 읽고, 우리 집 스킨답서스를 창에서 멀리 떨어진 안쪽 구석에 두었다.

물을 꾸준히 줬더니 무럭무럭 자랐는데, 빛이 부족해도 상관없다는 듯 건강해 보여서 내가 읽은 말이 맞구나 하고 안심했다. 그런데 구석 자리에 몇 주 두고 나니 눈에 띄는 변화가 있었다. 스킨답서스가 창 쪽을 향해 완전히 기울어져 자라는 게 아닌가. 잎들이 마치 빛을 갈망하며 뻗어나가고 있는 듯했다.

한쪽으로 치우쳐 자라는 모습이 영 균형이 맞지 않아 보였다. 창을 옮길 수는 없으니 화분을 돌려서 식물의 반대쪽이 창을 향하게 했다.

엘리사는 이리저리 돌리면 식물이 혼란스러워한다면서 건드리지 말라고 했지만, 그렇게 돌린 상태로 몇 주 놓아두니 모양이 더 나아지는 듯 보였다. 잎이 반대쪽으로도 뻗어 나가면서 균형이 좀 잡힌 모습이었다.

다만 아직 균형이 안 맞는 부분이 있었다. 처음에 창 쪽으로 뻗어나갔던 가지들이 이제 그쪽이 아니라는 걸 깨달은 듯, 방향을 홱 돌려 반대쪽으로 뻗어나가고 있었다.

줄기가 점점 길게 자라면서 갈망하듯 뻗어나가는 모습은 더욱 두드러졌다.

어느 날, 별문제는 없지만 어둡고 빛이 안 드는 구석에 스킨답서스를 방치했다는 죄책감을 결국 못 이기고, 화분을 창가로 옮겨 햇빛을 직접 받게 됐다. 원하는 것을 얼마든지 누리게 해줄 생각이었다.

며칠 후, 잎이 생기를 잃으면서 갈색으로 변해갔다. 햇빛에 타버린 것이다.

기억을 보존하는 방법

어머니는 집에 찾아갈 때마다 내 사진을 무진장 찍는다. 내가 아직 멀쩡히 살아 있다는 증거라도 필요한 걸까. 혹은 나이를 더 먹었다는 증거? 아니면 내가 이 집에 왔다는 증거가 필요한지도. 내가 떠난 뒤에 보면서 내가 왔었음을 확인할 수 있는 증거.

나는 문간에 선 채로 말한다. "우리 인사부터 좀 해요. 사진을 오십 장은 찍으시네. 그 정도면 된 거 같은데, 저 들어가도 돼요?" 어머니는 전혀 들은 체하지 않고 온갖 주문을 한다. 좀 웃어봐, 억지로 웃지는 말고, 자연스럽게, 그렇게 크게 웃지 말고, 절제하면서 웃어야지, 너 웃는 법 좀 연습해야겠다, 그렇게 이를 다 드러내지 말고, 허리 펴고, '궁거야오' 하지 말고(구부정하게 서지 말고), 손은 가만히 있고, 머리카락 좀 정리하고, '저우메이터우' 하지 말고(얼굴 찌푸리지 말고)……. 다 순간을 영구적인 모습으로 고정해, 벌써 희미해지는 덧없는 기억 한편에 보관하고 기억을 갱

신하기 위해서인 듯하다.

    투덜대는 나도, 사실은 내가 집에 왔다는 증거가 있다니 안심이 된다. 잠깐 있으면 어느새 또 가고 없을 테니까.

빈자리

좋아하는 곳을 떠나려고 할 때 떨치기 어려운 감정이 한 가지 있다. 떠나고 나면 다들 내가 없어도 아무 문제 없을 것 같다는 느낌이 든다. 처음부터 나라는 존재가 없었다는 듯이 세상은 계속 돌아갈 것이고, 나는 그곳에 꼭 필요한 존재가 아니라서 파티 중간에 슬쩍 빠져나가도 아무도 모를 것 같은 느낌이다.

그리고 실제로 떠날 때는 그런 우려가 그저 기우가 아니었음을 깨달으면서 힘들어진다. 떠나면 그냥 그걸로 끝이다. 사람들은 여전히 바쁘게 살아간다. 한때 속해 있었으나 이제 방문객일 뿐인 그곳은 나 없이도 계속 돌아가고, 사람들의 발길이 끊이지 않고 계속 이어진다. 그럴 수밖에 없다.

나중에 다시 찾아와서도 매번 그 사실을 새삼 확인한다. 내가 두고 온 친구는 새 친구를 사귀었거나 내가 두고 온 다른 친구와 더 친해져 있다. 한때 내가 속했던 장소는

나 없이 계속 유지된다. 간혹 문을 닫았거나 끝났거나 중단된 장소나 활동이 있다 해도 '내가 떠났기 때문에' 그렇게 된 것은 아니다. 누군가가 나처럼 떠났기 때문일 뿐 나와는 아무 관련이 없는 현상이다. 다시 찾아올 때마다 깨닫지만 내가 떠났다고 해서 변한 것은 거의 없다.

참 이기적인 생각이라고 해야 할 것이, 나는 중요한 사람이 되고 싶다. 내가 떠나면 세상이 붕괴되고 제대로 돌아가지 않을 정도로 여기서 중요한 사람이면 좋겠다. 물론 그럴 리야 없지만 머리 한구석으로는 이런 생각이 든다. 만약 정말로 중요한 사람이었다면 내가 떠나서 뭔가 타격이 있었을 텐데. 뭔가 변화가 있었을 텐데. 구멍이 덩그러니 하나 생겨서 사람들 눈에 띄었을 텐데. 그런데 그렇지 않다. 나 없이도 세상은 잘 돌아간다. 그렇다면 이런 교훈을 새겨야 하지 않을까. '나는 중요하지 않다'.

아니, 무엇이 떠나든 구멍은 남는 법이다. 자리를 옮긴다는 것은 곧 자리를 비운다는 뜻이니, 뭔가가 옮겨가면 빈자리가 남기 마련이다. 다만 떠난 사람은 자기가 떠난 자리에 남은 구멍을 볼 수 없다는 게 문제일 뿐.

딱히 잘 알지 못하던 사람이 사라진 뒤의 허전함

서로 친하지도 않고 딱히 잘 알지 못하던 사람이 주변에서 사라지면 전에는 아무것도 없던 자리에 구멍이 생긴다. 그러면 친한 사람이 떠나갔을 때보다 어떤 면에서는 더 심란한데, 그런 사람이 떠나면 추억도 사연도 남지 않기 때문이다. 오로지 구멍만이 남을 뿐이다. 있을 때는 그 사람의 인간적 면모가 잘 보이지 않았는데, 사라지니 빈자리가 뚜렷이 보인다.

이런 식으로 사람들이 일상에서 사라질 때마다 그 사람에게 너무 관심을 두지 않았다는 생각이 든다. 하나의 인간으로 바라보지 않고 그저 일상 풍경의 일부로 여기다가, 사라지고 나면 비로소 풍경이 어딘가 허전하게 느껴진다.

부모님이 잘 가던 만두집의 주인(겸 주방장) 아주머니도 그런 경우다. 늘 다정하고 친근하고 살갑게 부모님을 대하고, 나와 동생이 가면 호들갑 떨며 반가워하고, 늘 우리에게 많이 컸다느니, 키가 정말 크다느니(참고로 내 키는 딱 보통이다) 칭찬하던 분이었는데 갑자기 우리 가족의 일상에서 사라져버렸다. 가게가 문을 닫았는데 무슨 사정인지 어머니도 모른다.

"그 식당 어떻게 된 거예요?" "그냥 갑자기 문을 닫았어." "그럼 이제 만두 드시러 어디로 가세요?" "다른 집으로 가지. 거기도 괜찮아." "그 아주머니랑 연락은 되세요?" "성이 뭔지도 모르는걸."

그래서 마음이 안 좋냐고 어머니에게 묻는다. 어머니는 잠깐 생각하다가 이렇게 말한다. "세상일이 다 그렇지 뭐."

애도

 죽음만 애도하는 것이 아니다. 변화를 애도할 수도 있다. 예전에 살다가 지금은 없어진 보금자리를 애도할 수 있다. 세상이 알게 모르게 조금씩 변하다가 어느 날 문득 내가 알던 세상이 아닌 것 같을 때도 애도할 수 있다.
 자신의 변화도 애도할 수 있다. 내가 이제 예전의 내가 아니라는 사실도 얼마든지 애도할 만한 이유가 된다고 생각한다. 물론 축하할 일인 경우도 있다. 어쨌든 과거의 나를 훌훌 떠나보내기 전에는 항상 송별식이나 추모식 따위를 해줄 만하다.

장례식용 플레이리스트

　죽음에 관한 생각을 일부러 하진 않지만(아니, '일부러 죽을' 생각을 하진 않는다고 해야 할까?), 내가 죽을 때 배경에 흐르면 좋을 것 같은 곡을 모아두고 있긴 하다. 일종의 사운드트랙, 혹은 크레딧이 올라갈 때 깔릴 후보곡 모음이라고 할까. 아니면 떠나기 전에 이 세상에서 마지막으로 들어도 괜찮을 곡의 모음 정도?

　더 정확히는 내가 세상을 떠난 후 장례식 때 흘러나왔으면 하는 곡을 모아놓은 플레이리스트라고 해야겠다. 무엇이 되었든 내가 '좋아하는' 곡 모음과는 다른 느낌이다.

　내가 생각하는 이상적인 파티가 있다면, 이 플레이리스트를 확정하고 나서 가장 친한 친구들을 초대해 함께 들어보는 모임이다. 진짜 이유와는 무관한, 지극히 평범한 이유를 들어 초대하는 쪽이 좋겠다. 어떤 구실을 내세워야 할지는 파티를 열어본 적이 없어서 잘 모르겠지만 어쨌든 초대해서 그 곡을 배경음악으로 틀어놓는다. 내 장례식용 플레이리스트라는 사실을 아무도 모르는 상태에서. 그 광경이 머릿속에 선하게 그려진다. 친구들이 모두 모여 웃고 떠들며 즐거워하고, 여느 평범한 파티와 다를 바 없이 뭔가를 축하한다. 나도 드디어 즐거움을 만끽한다. 내 장례식에 쓰일 곡이 흐르고 있다는 생각에 마음이 놓이고 흐뭇하다.

장례식용 플레이리스트는 주로 우울증에 빠졌을 때마다 버텨나가는 데 도움을 준 곡들이다. 그런 곡을 한때 필요로 했다는 증거이기도 하니 지금은 대부분 부끄럽게 느껴진다. 딱 필요한 순간에 조금이나마 구원이 되어줬지만, 이제는 효용을 다해서 어느 시점에서 애정이 식은 곡들. 그런가 하면 그중에는 변함없이 좋아하는 곡도 몇 개 있다. 언제까지나 영원히 좋아할 것만 같은 곡이다.

우리가 사랑할 때 그 사랑을 변함없이 믿는 이유는, 가장 열렬히 사랑하는 대상이야말로 사랑이 식게 되면 가장 부끄러워질 대상이기 때문이 아닐까 싶다.

장례식용 플레이리스트에는 지금 이백오십이 곡이 들어 있는데, 아직 완성되지 않은 느낌이다. 여전히 뭔가가 빠진 느낌이다. 언젠가 마음에 최고로 드는 완벽한 곡 하나가 나타나서 모두 밀어낼 수도 있을 것 같고, 여기에 곡을 계속 추가하고 싶은 마음도 있는 것 같다. 그렇다면 나는 아마, 아무래도 분명히, 계속 살고 싶나 보다.

**역시 대화하지 않은 지 여러 해가 지난,
또 다른 친한 친구와의 대화**

분열

인간으로서 성장하다 보면 계속 새 보금자리를 구하고, 새 보금자리를 만들며, 새 보금자리에서 남들과 더불어 살게 된다. 옛 보금자리에 돌아갈 때마다 새삼 느끼지만, 살면서 알게 된 모든 보금자리 중 특정한 한 곳이 차지하는 비중은 계속 낮아진다. 우리 자신이 여러 조각으로 찢어지는 듯한 기분이 드는 것도 당연하다.

할아버지가 키우던 식물

내가 태어났을 때 부모님은 두 분 다 대학원생이었다. 꼬마였을 때 어머니가 박사 학위를 받아서 학위 수여식에 갔던 기억이 난다(아버지도 박사 학위가 있으니 학위 수여식을 했을 텐데 그건 기억나지 않는다). 행사가 열린 곳은 엄청나게 큰 체육관이었다. 아니, 어쩌면 어린 내 눈에 체육관처럼 보였을 뿐인지도 모른다. 우리 가족은 층층이 배치된 관람석에 앉았다. 아니, 정말 관람석이었는지 아니면 체육관인 줄 알았기에 관람석으로 기억하는 건지는 잘 모르겠다. 할아버지, 할머니, 동생, 아버지와 함께 앉아 있는데, 아버지가 나와 동생을 바라보며 말했다. "엄마 이름을 부르면 너희 둘이 최대한 큰 소리로 환호해야 해." 이윽고 어머니가 연단에 올라와 학위를 수여받자 우리는 일어서서 있는 힘껏 소리를 지르며 환호했다.

식이 끝나고 체육관의 관람석이 해체된 후(그곳이 체육관이었고 우리가 앉은 자리가 관람석이었다는 가정에서) 우리는 연단 앞으로 나가 어머니를 만났다. 그곳에선 관계자들이 접이의자를 포개고, 연단 둘레에 '찍찍이'로 붙여놓은 커튼을 떼내느라 바빴다. 치렁치렁 뒤엉킨 덩굴식물이 담긴 싸구려 플라스틱 화분도 한데 모여 쌓이고 있었다. 체육관을 (체육관이 맞다면) 행사용으로 예쁘게 치장하기 위해 가져다 놓은 화분들이었다.

할아버지가 말했다. "어차피 다 버릴 텐데, 우리 기념으로 하나 가져가자." 그러고는 아무에게도 물어보지 않고 화분 하나를 챙겼다. 치렁치렁 뒤엉킨 덩굴식물은 할아버지 집의 새 식구가 되어 무럭무럭 자랐다. 책장 꼭대기에 올려두었는데 책장을 타고 내려오더니, 그 옆의 창틀을 가로질러 천장에 달린 조명기구를 휘감는 등 집 전체를 지지대로 삼아 사방팔방으로 쑥쑥 뻗어나갔다.

할아버지가 돌아가시고 뒤뜰의 텃밭과 각종 채소는 방치되었지만 덩굴식물은 꾸준히 자랐다. 물 주고 돌보는 손길이 있었기에 생명을 유지했다.

할머니 집에 갈 때마다 덩굴식물은 그 자리에 있었고, 점점 더 집을 장악해가는 모습이었다.

할아버지가 완전히 떠나지 않은 듯한 느낌이었다.

식물은 그냥 한낱 식물일 때도 있다. 그러나 무엇을 해야 할지 알 수 없을 때 식물을 돌보면 무언가를 하는 기분이 들기도 한다. 때로는 식물을 돌보면서 떠나간 누군가를 추억하는 느낌도 든다. 어떻게 보면 그 사람을 계속 돌보는 일처럼. 그렇게 꾸준히 돌보면 식물은 계속 자라난다. 새로운 구석 자리를 찾아나가고, 새로운 벽을 타고 오르면서.

여러 해가 지난 후, 할머니는 그 집을 나와 노인 주거단지의 작은 아파트로 거처를 옮겼다. 우리는 될 수 있는 한 자주 할머니에게 찾아가지만, 덩굴식물이 할머니와 함께 옮겨갔는지 잘 기억이 나지 않는다.

다른 사람을 통해 기억된다는 것

　이따금 다른 사람이 하는 말에서 떠난 사람의 목소리가 들린다. 목소리는 이렇게 말한다. "난 세상의 일부였고, 세상은 여전히 존재한단다."

그곳에도 식물은 이미 있다

케임브리지에 처음 이사했을 때 나는 심한 우울증에 빠져 있었다. 땅을 보고 있을 때가 많았다. 혼자 걸어서 학교에 가고 가게에 가고 영화관에 가서 영화를 봤는데, 길에 나 있는 식물 중 눈에 띄는 신기한 종이 있었다. 땅바닥에 붙어 자라는데, 넓적넓적한 잎이 꽃다발처럼 묶인 듯한 모습이었다. 그런 다발이 사방에 있었다. 누가 일부러 곳곳에 심어놓기라도 했나? 왜 모든 다발의 크기가 하나같이 똑같을까? 좀 크거나 작은 다발도 있을 법한데 왜 없을까? 가만 보니 가는 곳마다 그 식물이 있었다. 어느 길에나 있었다('아니 정말, 누가 이렇게 온 천지에 심어놓은 거야?'). 그 식물을 보면서 낯설던 주변 환경이 조금은 더 친숙하게 느껴졌다. 식물이 마치 눈앞에 나타난 비밀 코드처럼 어떤 메시지를 전하는 듯했다. 낯선 장소도 항상 일정한 요소로 이루어져 있다는 메시지랄까(건축 법규도 내게 비슷한 위안을 주는데, 같은 이유에서다. 건축법 덕분에 아무리 낯선 건물이라 해도 내가 언젠가 살았던 건물과 뭔가 공통점이 있기 마련이니까).

케임브리지에서 다니던 심리치료실 밖에 봄이 오면 활짝 꽃이 피던 나무가 있다. "피던"이라고 과거형으로 말한 건 이제 꽃이 피지 않아서가 아니라, 지금도 그 나무가 있는지 내가 몰라서다. 있을 수도 있고 없을 수도 있겠지만, 과거형은 나를 가리켜 한 말이다. 사라진 것은 나니까. 지금은 심리치료사를 직접 만나지 않고 전화로 상담받는다. 똑같은 종류의 나무를 다른 도시나 다른 나라에서 볼 때가 있다. 그러면 마음이 평안해진다. 한때 내가 살던 보금자리에서 자라던 나무가 다른 곳에서도 자랄 수 있다면, 나도 그럴 수 있지 않을까.

이제 낯선 장소에 있을 때마다 일종의 대응 기제처럼 늘 하는 행동이 생겼다. 혹시 전에 다른 데서 봤던 식물이 있는지 찾아본다. 또, 전에 본 적은 없지만 앞으로 이 낯선 장소 곳곳에서 빈번하게 마주치면서 낯을 익힐 만한 식물을 찾아본다. 그렇게 하다 보면 낯설던 장소가 점점 친숙해진다.

내가 실내 식물을 열심히 돌보는 데는 그런 이유도 있다. 즉, 보살피는 식물을 바깥세상에서 알아보기 위함이다. 낯선 사무실, 매장, 식당, 건물에서, 아니면 낯선 도시에서 들른 낯선 식물 가게에서라도.

이렇게 찾아보고 발견하고 알아보는 게임을 하다 보니

새로운 장소에 갈 때마다 불안하던 마음이 어느덧 조금이나마 두근거림 비슷한 감정으로 바뀌었다. 새로운 장소에 가면 내가 아는 숱한 식물이 나를 반갑게 맞아줄지도 모르니까.

6부 다시 잘 가요

결국에는 다 잘됐고, 그냥 언제까지나 엄청난 스트레스와 압박감에 끊임없이 시달리면서 살기만 하면 되는 거였다

　내가 고도의 스트레스를 유발하는 사건을 앞두고 불안해할 때면 심리치료사가 차근차근 수행시키는 절차가 있다. 그 무시무시하고 부담스러운 사건이 막 끝나고 나면 기분이 어떨지 상상해보라는 것이다. '완전히 망하면?' '상상할 수 있는 최악의 결과가 나오면?' 같은 가능성도 충분히 열어놓고, '별문제 없다면?' 더 나아가 '잘되면?' 같은 가능성도 충분히 열어놓으라고 한다.
　그러면 나는 알겠다, 그렇지만 이렇게 잘못될 수도 있고 저렇게 잘못될 수도 있고 또 이렇게 잘못될 수도 있다고 말한다.
　심리치료사가 말한다. "그렇지만 별일 없다면요?"
　내가 말한다. "그렇지만 잘못되면 어떡해요?"
　심리치료사가 말한다. "그렇죠…… 그렇지만 별일 없다면요?"

죽을 운명인 식물

키우는 식물이 스트레스 징후를 보이면 나는 지금도 과도하게 불안해한다. 잎이 갈색으로 변하거나 가지가 늘어지거나 전체적으로 축축해지거나 하면 식물이 죽을까 봐 안절부절못하며 너무 심하게 걱정한다. 가끔은 전혀 희망이 없어 보이고 내가 할 수 있는 일이 없는 것 같다.

어느 식물 가게 주인에게서 들은, 조언 같기도 하고 위로 같기도 한 말을 떠올려본다. 그 가게가 아닌 다른 가게에서 사서 키우다가 죽은 식물 이야기를 했더니, 식물은 구매할 때부터 이미 죽을 운명인 경우도 있다고 했다. 이미 썩어 있거나 병에 걸렸거나 심은 흙의 종류가 잘못되었거나 산성도가 맞지 않거나 할 수 있다고. 그래서 구매할 때 이미 죽어가는 상태인데 겉으로만 멀쩡한 경우가 있다는 것이다.

"그럼 여러 해 동안 탈 없이 키우다가 갑자기 죽는 경우는요?" 내가 묻자 식물 가게 주인은 어깨를 으쓱한다. "키우는 사람이 꼭 뭘 잘못해서 죽는 건 아니에요."

맞는 말인지는 모르겠지만, 꼭 맞는 말이 아니어도 괜찮다는 생각이 든다. 그런 말을 듣는 것만으로도 충분히 위로가 되니까.

페페로미아

어른이 된 후 처음 실내 식물을 구매한 일은 사실 거의 우연이었다. 얼마 전 이사 온 건물 근처에 식물 가게가 새로 생겨서 들어가보았다. 나도, 그 가게도 그 동네의 새 식구이던 셈이다. 가게에 손님은 나 혼자뿐이었는데, 아무것도 사지 않고 나가려니 너무 미안해서 식물 하나를 골랐다. 아주 귀엽고 아담한, 조그마한 식물이었다. 동그랗고 통통한 초록색 잎에는 광택이 전혀 없었다. 식물이 놓인 진열대에는 "키우기 쉬운 식물"이라는 라벨이 붙어 있었다.

가게에서 추운 바깥으로 나온 순간, 이제 이 식물을 살리는 일이 오롯이 내 책임이라는 깨달음이 밀려오면서 불안감이 엄습했다. 녀석을 살릴 사람이 나 말고는 없었다.

식물 키우는 법에 대해 아는 게 전혀 없었지만, 가게 주인의 말에 따르면 이 녀석은 적응력이 꽤 강해서 일주일에 몇 번 조금씩만 물을 주면 되고, 일조량이 적든 많든 잘 산다고 했다. 내가 뭘 잘못하지 않을까 걱정이 이만저만이 아니었는데('몇 번'이라면 정확히 몇 번인가?? '조금씩'은 얼마만큼일까?!) 몇 달 동안 녀석이 살아 있는 모습을 보니 나도 돌볼 수 있겠다는 자신감이 붙었다.

녀석에게 점점 정이 들어갔다. 내가 살던 반지하 층, 아니 '정원 층' 아파트에서 한동안 나를 제외하고 유일한 생명체는 그 식물이었다. 어떤 면에서 나를 안정시켜준 것도 그 식물이었다. 당시 나는 한 해 내내 우울증을 심하게 앓고 있었는데, 녀석에게 일주일에 몇 번씩 물을 주어야 하는 의무 덕분에 큰 부담 없이 자연스럽게, 좀 더 규칙성 있는 생활을 해나갈 힘을 얻었다.

그해 여름 집을 오래 비울 일이 있어서, 이 도시에 이사 와서 사귄 유일한 친구에게 식물을 맡기고 돌봐달라고 부탁했다. 그런데 그 친구도 나중에 여름 휴가를  떠나게 되어, 자기가 임차한 아파트의 재임차인에게 돌봐달라고 부탁했다. 친구는 재임차인이 믿을 만한 자기 친구이니 식물을 죽지 않게 잘 돌볼 것이라고 장담했다.

여름 내내 식물 걱정에 속을 태우면서, 내 걱정이 녀석의 생존에 조금이라도 도움이 되기만을 바랐다. 할 수 있는 일이라곤 걱정하는 것밖에 없었으니까. 여름이 끝나고 집에 돌아왔을 때, 친구도 돌아와서는 식물을 내게 다시 가져다주었는데 모습이 변해 있었다.

전보다 부실해 보였고, 유일한 줄기라고 할 만한 것은 오로지 한 방향으로 길게 뻗어 있었다.
여름 내내 화분이 한자리에 고정되어 줄기만 그 집의 창을 향해 뻗어나간 것이다. 그래도  살아 있었다. 그리고 집에 돌아왔다. 그것만으로 고마웠다.

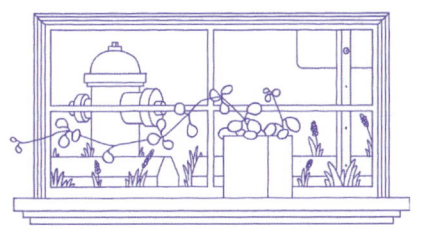

 그해 가을, 식물 기르는 데 어느 정도 자신이 생기면서 좀 더 많이 키워보기로 했다. 식물 몇 가지를 새로 구해서 각각의 관리법을 이전보다 훨씬 치밀하게 조사하다가, 문득 궁금해졌다. 나는 잎이 동그랗고 통통한 이 작고 귀여운 식물이 뭐라고 불리는지도 모르고 있었다. 인터넷에서 열심히 조사한 끝에 페페로미아 중에서 호프hope라고 하는 품종임을 알게 됐다. 어른이 되고 처음으로 키운 식물이 내 삶에 '희망'이 되어주었다는 사실이 마음에 들었다.

몇 년 후, 그동안 무성하게 자라 줄기와 잎이 작은 사각형 화분에 가득 들어찬 페페로미아 '호프'는 조금씩 바스러지면서 죽어가기 시작했다.

여느 때처럼 선명한 초록빛에 통통하고 건강해 보였는데, 잎 하나를 살짝 건드렸더니 줄기에서 바로 분리되어 톡 떨어졌다. 겁이 덜컥 났다.

당황하지 않으려고 애쓰며 침착하게 생각해보았다. 아마도 잎이 자연적으로 떨어지는 현상일 테다. 잎을 번식시킬 수 있을지도 모르니, 뿌리가 날 수 있게 따로 두었다.

그 뒤로는 녀석을 건드리지 않으려고 조심했다. 잎이 떨어지는 현상이 이것으로 끝이길, 가만히만 두면 아무 문제가 없길 바라면서.

며칠 후, 떨어졌던 잎은 뿌리가 나기는커녕 말라서 쪼그라들었다.

그리고 다시 며칠 후, 또 다른 잎을 건드려보기로 했다. 잎이 떨어졌던 일은 일회성 사건이었음을 확인하고 싶었다. 그런데 이번에 건드린 잎도 떨어지더니, 이윽고 마디마디에서 잎과 가지가 분리되면서, 줄기 하나가 눈앞에서 통째로 무너져 내리는 것이 아닌가.

큰 줄기가 네 개 있었는데 하나가 무너졌으니 이제 세 개만 남았다. 하나씩 같은 방법으로 확인해보았다. 그냥 각 줄기에 달린 잎 하나를 톡 건드려서 방금 줄기가 무너진 사건이 이례적인 현상임을 확인하고자 했다. 그런데 나머지 세 줄기도 건드리니 잎이 떨어져 나가면서 마디마디가 부서져 내렸다. 내 앞에 남은 것은 송두리째 무너진 식물의 잔해 더미였다. 식물이 산산이 해체되어 버렸다.

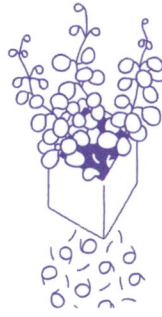

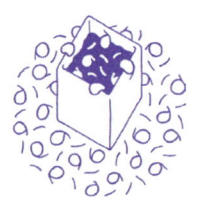

어찌해야 할지 알 수 없었다. 잎 하나하나를 모두 챙겨서 각각 따로 두었다. 하나라도 뿌리가 나면 번식시킬 생각이었다.

6666666666666666666666666666

처음에는 기대를 품었다. 식물 하나가 동그랗고 통통한 잎 서른 개로 변한 셈이고, 이제 잘하면 식물 서른 그루가 될 수 있다고 생각했다. 그러나 아침마다 확인해보면, 그때마다 한 무리의 잎이 쪼그라들어 있었다.

⸙6⸙⸙666⸙6666 ⸙666⸙666666⸙66⸙6⸙6

한 잎에서라도 뿌리가 난다면 완전한 비극은 아니라고 굳게 믿었다. 그러나 일주일 만에 결국 모든 잎이 말라버렸다. 녀석은 한 번에 쓰러져 죽지 않고 서른 조각으로 나뉘어, 서른 번의 작은 장례를 거쳐 조금씩 죽어간 것이다.

잎이 모두 죽은 후에도 작은 사각형 화분을 간직하기로 했다. 식물이 그 화분에서 살았다는 사실을 기억하고 싶었다. 무슨 이유에서인지 흙도 그대로 두었다. 아마 멀쩡한 흙을 버리긴 아까웠던 것 같다.

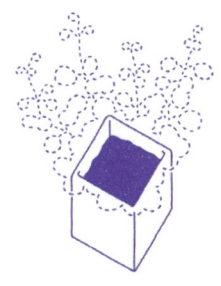

흙에서 할 일이 없어진 뿌리를 끄집어냈다. 살펴보았지만 썩은 흔적은 없었으므로, 뿌리가 썩어서 죽은 건 아니었다. 왜 죽었는지 도무지 알 수 없었다. 혹시 흙에 무슨 이유로 독소나 염분이 많아졌거나 산성이나 염기성이 강해졌거나 영양분이 고갈된 것일까? 검사할 줄 모르니 알 수 없는 노릇이었다. 결국 이렇게 믿는 쪽으로 생각을 굳혔다. 녀석이 생을 포기하고 바스러지기로 스스로 결정했다고. 떠날 때가 된 상태에서, 내가 잎을 만지며 인사해줄 때까지 일부러 기다렸다가 작별 인사를 하고 간 것이라고.

슬픔에 빠진 상태에서 식물을 하나 더 샀다. 물론 다른 종류였다. 내 호프를 무언가로 대체한다는 것은 상상조차 할 수 없었다. 그런데 새로 사 온 식물의 흙 위에 웬 다육식물의 잎 하나가 떨어져 있었다.

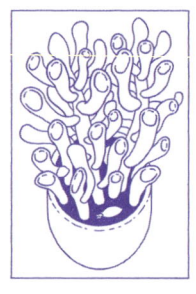

새로 산 식물도 다육식물이지만 잎이 길쭉하고 튜브 모양이었는데, 이 잎은 조그맣고 둥그런 모양이었다. 무슨 다육식물의 잎인지 알 수가 없었다. 잎을 들여다보니 아주 미세한 뿌리털이 나 있었고, 호프가 남기고 간 작은 사각형 화분에 흙이 그대로 들어 있었기에 그 흙에 잎을 올려놓았다.

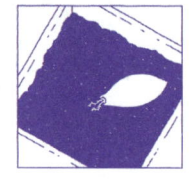

호프가 죽은 이유가 혹시 흙에 독소나 염분이 많아졌거나 산성이나 염기성이 강해졌거나 영양분이 고갈되어서인

지 여전히 알지 못했지만, 잎은 그 자리에서 뿌리를 내리기 시작했다. 나쁘지 않은 징조였다.

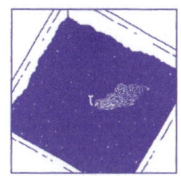

일주일에 몇 번 조금씩 물을 주면서 시간을 두고 지켜봤더니, 아주 조그만 새싹이 나왔다. 조그맣고 연약하고 가느다란 잎 두 개가 하늘을 향하고 있었다.

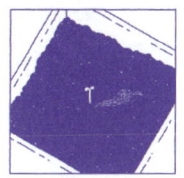

이제 뭔가가 자라고 있다. 내 첫 식물이 자랐던 화분에서, 새 식물이 크고 있다.

마치 일종의 환생처럼.

행복은 흔들리기 쉬운 상태

나는 행복할 때 슬프고 절망적인 생각에 가장 잘 휩쓸린다. 행복이 와 있다면 언젠가 가기 마련이고, 그러고 나면 기분이 곤두박질치면서 더는 행복하지 않은 상태가 되기 때문이다.

아예 행복한 감정이 드는 상황을 피함으로써 그런 사태를 예방하는 쪽이 더 쉬워 보이기도 한다. 행복감이 느껴지자마자 몰아내는 것이다. 행복을 피하면 그 뒤에 오는 감정의 추락도 피할 수 있으니까.

나는 행복해하기가 어렵다. 그런 감정을 느끼는 순간 머릿속에 이런 생각이 든다. '금방 사라질 감정이다. 모든 게 다시 괴로운 상태로 돌아가게 되어 있다. 오래가지 않을 감정이니, 행복해하는 건 기운 낭비다.'

하지만 이런 식으로도 생각해보려고 한다. 행복은 '일시적'이기에 존재하는 것이라고. 만약 영원한 것이라면 특별한 이름이 붙지도 않았을 것이라고.

기쁨이 잠깐이라는 사실을 이해한다면, 보나 마나 사라질 감정을 굳이 자축하지 말라고 자책하는 대신, 자축할 수 있을 때 자축하는 게 좋지 않을까. 그 감정이 느껴지는 순간, 사라지기 전에. 이번에도 사라질 테니까. 그리고 언제 돌아올지 모르니까. 그러니 왔을 때 반갑게 맞아 주는 게 어떨까.

팝콘 이야기

두 사람이 동시에 팝콘 통에 손을 넣는 행동이 로맨틱하다고 생각하지 않는다. 그건 로맨틱한 게 아니다! 팝콘 먹는 데 서로 방해가 된 것일 뿐.

팝콘 이야기 (부연 설명)

그래, 그래, 알았다. 이 정도라면 로맨틱하다고 할 수 있을 것 같다. 내가 수줍어서 손을 잡지 못하는 사람이 있다. 커다란 팝콘 통을 사이에 놓고 앉아 있는데, 팝콘을 집으려고 손을 뻗다가 그 사람의 손과 스친다. 갑자기 어떻게 해야 할지 몰라서, 왠지 그러는 게 최선이라는 생각에 팝콘 속에 손을 푹 파묻는다.

그 사람이 내 행동을 보고는 빙긋 웃더니 자기도 똑같이 한다. 그러고는 천천히, 손으로 팝콘을 헤치며 다가와 내 손을 잡는다. 혹은 내가 손을 움직여 그 사람의 손을 잡는다. 아니면 둘이 동시에 손을 맞잡는다. 우리는 영화가 끝날 때까지 팝콘 통 속에서 손을 꽉 잡고 있다. 손이 버터와 땀과 소금에 버무려진 채로.

영화가 끝난 후 우리는 손을 놓고 싶지 않아 팝콘 통 속에서 손을 계속 잡은 채 팝콘 통을 함께 들고 영화관을 나온다. 팝콘 통 속에서 두 손을 잡은 채로 함께 길을 걷다가 한 사람이 사는 집 문 앞에 이른다. 한 사람이 다음에 또 하자고 하니 다른 사람이 좋다고 한다. 한 사람이 "그럼 이 통은 어떻게 하지?" 하고 묻는다. 한 사람이 통을 들기로 하고 둘은 맞잡은 손을 놓고 통에서 꺼낸다. 잘 있어, 다시 만날 때까지 잘 지내라고 인사한다.

손을 계속 잡기 위해 만날 때마다 그 팝콘 통을 가져온다. 아이스크림 사 먹을 때도, 영화 보러 갈 때도, 주말에 공원에 갈 때도 마찬가지다. 팝콘은 결국 다 없어지고(우리가 먹고 공원에서 지나가는 새들이 먹고 하면서), 우리는 빈 통 속에서 손을 잡고 있다. 가끔씩 통의 끈적한 안쪽 면에 손을 툭툭 부딪쳐가면서.

빈 통을 내 집으로도 그 사람의 집으로도 가져가 그곳에서도 계속 손을 잡는다. 몇 달 후, 우리는 함께 살기로 한 집에 통을 가져다 놓는다. 그런 식으로 몇 년이 지난다. 통은 워낙 일상의 한 부분이 되었기에 딱히 의식조차 되지 않는다.

그러던 어느 날, 통 속에서 손을 잡고 아침을 먹다가 한 사람이 문득 이런 말을 한다. "우리 왜 아직도 통 속에서 손을 잡고 있지? 손만 자꾸 끈적해지잖아." 우리는 통을 버리기로 하고 홀가분해진 손을 잡는다. 팝콘이며 버터며 통이며 소금은 이제 필요가 없으니.

언젠가 엘리사가 해준, 내가 매일같이 되뇌는 말

걱정은 앞으로 남은 평생 얼마든지 할 수 있어. 그냥 오늘 하루만 버텨내. '걱정을 하지 않겠다'라고 다짐하지 말고 그냥…… 걱정을 조금만 해.

머물다 가는 행복

행복이 찾아오면 기꺼이 들여보내자.

판단하지 말고, 의심스러운 눈초리
로 보지 말자. 녀석은 나를 속일
생각이 없다. 나를 보러 왔음을
믿어주자.

내가 맞아들일 자격이 있는지
의심하기엔 너무나 드물게 찾아오
는 녀석이다.

그냥 녀석이 붙어 있는 동안
같이 붙어 있자. 그 정도는 얼마든
지 해도 된다.

다른 행복이 동시에 찾아오면, 함께 어울리게 해주자.

떠나겠다면 놓아주자. 억지로 잡아둘 수는 없다. 어떻게 해도 떠나게 되어 있다.

방금 그 행복은 돌아오지 않을지도 모르지만, 행복이 다시 찾아오려면 일단은 떠나야 한다는 사실을 잊지 말자.

새가 있는 창

친구가 한번은 새 한 마리의 사진을 올렸다. 오동통하고 수수한 암갈색 새가 창문 바깥 턱에 앉아 있었다. 며칠 후, 친구가 같은 새가 같은 창턱에 앉아 있는 사진을 하나 더 올렸다. 다시 며칠 후, 같은 새가 같은 곳에 앉아 있는 사진을 또 올렸는데, 이번에는 새가 먼젓번 사진들과 다른 방향을 보고 있다는 설명도 달렸다. 결국 너무 궁금해서 물었다. "걔 누구야!" 새로 사귄 친구라는 답이 돌아왔다. 같은 새가 삼 주 동안 도서관의 같은 창가에 머물렀단다.

그래서 친구는 새가 머무는 도서관 창가 구석 자리가 가장 좋아졌다고. 그 자리에 앉을 때마다 새가 찾아오니까.

"걔도 책 읽고 싶은데 못 들어오고 있나?" 내가 말한다.

"한번 책을 창에 갖다 대봐. 가만히 있는지 아님 날아가는지." 친구가 답이 없자 내가 이어서 농담을 한다.

정말 궁금한 건 따로 있다. 새가 언젠가 모습을 감추면, 그래도 그 자리가 친구에게 가장 좋아하는 자리로 남을까?

머물다 가는 슬픔

행복이 언젠가 떠난다는 생각을 하면 항상 슬프지만, 슬픔도 역시 떠난다는 사실을 조금씩 깨닫는다.

요즘은 슬픔을 근처 가지에 잠깐 내려앉은 새처럼 반기려고 노력한다.

새를 가만히 보면서 세세한 특징을 관찰한다. 이 새만이 가진 독특하고 색다른 특징을 찾아본다. 앞으로 어떤 특징으로 식별할 수 있을지, 날아가기 전에 눈에 담아둔다.

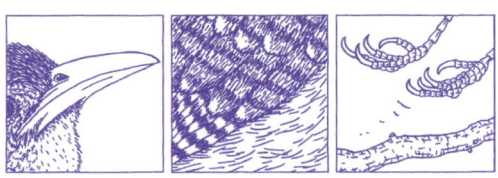

그렇게 이런저런 슬픔을 관찰하면서 내게 다가올 때 알아볼 수 있도록 뚜렷이 구별해놓으면, 조금 행복해진다고 할까, 아니 적어도 위안이 된다.

그러다가 내게 다가오면 들여보낸다. 그리고 그때 와 있는 다른 슬픔과 함께 어울리게 놓아둔다.

이제는 슬픔이 찾아오면 그냥 오게 놔둔다. 막으려고 해봤자 결국 더 거칠게 밀고 들어올 뿐이라는 사실을 알기 때문이다.

슬픔이 찾아오면, 될 수 있는 한 가만히 붙어 앉아서 슬픔 하나하나의 섬세한 특징을 찾아본다. 찬찬히 살펴보면서 각 슬픔이 내게 어떤 감정을 일으키는지 느껴본다. 그러면서 슬픔은 한가지가 아님을 깨닫는다. 슬픔은 시종일관 우중충하고 느낌이 똑같은 덩어리가 아니라 여러 종류가 있고, 그중에는 흔한 종류도 있고 드문 종류도 있다. 이제는 슬픔이 찾아오면, 지금이야말로 녀석을 느껴보고 특징을 직접 관찰할 유일한 기회라는 생각에 기대감 비슷한 것이 살짝 인다. 어찌 보면 일종의 탐조(새 관찰) 활동과 닮아가는 셈이다.

어떤 슬픔이 와 있을 때 내가 어떤 느낌인지 찬찬히 들여다보면, 그런 느낌이 언제 사라지는지도 알 수 있다.

그 느낌이 사라지면 그 슬픔은 떠난 것이다. 당분간은 그렇다.

이런 경험을 어느 정도 오래 하고 나니 어떤 사실(혹은 느낌?)을 받아들이게 되었다. 어떤 종류의 슬픔이든 언젠가 다시 돌아오게 되어 있다는 것. 그리고, 아마도 일생에 걸쳐 반복해서 돌아올 가능성이 크다는 것.

그렇지만 슬픔이 돌아오려면, 일단은 떠나야 한다.

세상이 멸망하기 직전 마지막 십오 분, 최악에서 최고 순으로

15위. 십오 분 전: 세상의 종말이 십오 분 후에 온다는 소식을 처음 접한다. 가슴이 울렁거리고 땀이 줄줄 흐른다. 숨이 좀처럼 쉬어지지 않는다.

14위. 사 분 전: 이제 시간이 정말 조금 남았다는 사실을 깨닫고 절망한다. 사 분이라면 가장 좋아하는 곡을 마지막으로 한 번 끝까지 듣기에 충분할지 모른다. 하지만 모든 후보곡을 놓고 심사숙고하여 마지막으로 들을 곡을 신중히 결정한 다음에는, 그 곡을 끝까지 듣기에 아마 시간이 모자랄 것이다. 그렇다면 무엇을 해야 할지 알 수 없어서 정적을 택하기로 한다. 창밖을 정면으로 보고 앉을 수 있게 가구를 옮긴다. 해를 쳐다보며 쏟아지는 햇빛이라도 음미할 수 있게.

13위. 십일 분 전: 세상이 멸망하는 이유를 알게 된다. 세상이 멸망하는 게 맞고, 이 모든 소식이 사실임을 깨닫는다. 분노와 절망감에 휩싸이면서, 놀랄 일이 아니라는 생각마저 든다. '그래, 다 이렇게 끝나는 거지. 왜 아니겠어. 그런 거지. 그런 거야' 하는 기분이다.

12위. 칠 분 전: 어머니에게 영상통화를 거는데 신호음이 너무 오래 간다.

11위. 십 분 전: 세상이 멸망한다는 사실을 알게 된 후 이미 오 분이 지났음을 깨닫는다. 끝 모를 불안감이 밀려온다. 지나간 오 분을 되돌릴 수만 있다면.

10위. 오 분 전: 가족들과 그룹 영상통화를 하고 있다. 이렇게나마 함께 있음에 감사함을 느낀다. 다들 말없이 울기만 하고, 어머니는 자기 휴대전화 화면의 스크린샷을 계속 찍는다. 지금 스크린샷을 모으는 게 무슨 의미가 있나 싶다. 가끔씩 어머니가 잠금 버튼과 볼륨 버튼을 정확히 동시에 누르는 데 실패하는 바람에 어머니의 영상이 꺼지고, 가슴이 철렁 내려앉는다. 그러나 곧 실수로 휴대전화를 잠갔다는 어머니의 목소리가 들린다. 어머니 얼굴이 다시 나타난다. 어머니에게 왜 그러냐고, 이 순간에 집중하면 안 되냐고 화를 낼까

하다가 아무 말 없이 나도 스크린샷을 찍는다. 멈춰버린 듯한 시간 속에서 가족 모두 스크린샷만 찍고 있다. 약속이라도 한 듯 입을 닫은 채 서로의 모습을 저장할 뿐이다. 이제 필요 없다는 걸 알지만 다른 할 일을 알지 못하기에. 그때 전화 연결이 끊어진다. 다시 연결을 시도하고, 연결은 되지만 영상이 깨져서 알아볼 수 없다. 음성 끊김이 심하다. 그 와중에도 어머니는 스크린샷을 찍고 있는 것 같다. 전화가 다시 끊어지고 이번에는 연결되지 않는다. 신호가 전혀 잡히지 않는다. 데이터 통신도 되지 않는다. 통신망이 다운된 상태다. 아니, 과부하로 인한 장애인지도. 어쨌든 안 되는 건 마찬가지다.

9위. 십삼 분 전: 휴대전화로 뉴스를 확인하면서, 앞으로 다시는 못 느낄 불확실하고 의심쩍은 기분을 잠시나마 마지막으로 느낀다. 내 판단에 실낱 같은 믿음을 갖고 '이게 사실일 리가 없어'라고 생각하는 마지막 순간이다.

8위. 구 분 전: 운다. 무서워서가 아니라, 무서움을 잠시라도 잊고 싶어서 운다.

7위. 팔 분 전: 소중하다고 생각한 모든 것을 손에서 내려놓고 흘려보내는 느낌이 뚜렷해진다. 어지럽고 혼란스러우면서, 홀가분하기도 하다. 세상에 정말로 중요한 게 뭐가 있겠는가. 그러나 지금 남은 것은 진짜다. 그리고 이제는, 지금 남은 것이 정말로 내게 중요하다는 확신을 갖고 남은 생을 살 수 있다.

6위. 육 분 전: "여보세요, 너 괜찮니?" "네. 모르겠어요. 괜찮아요. 괜찮으세요?" "사랑한다, 아들." "아버지는요?" "나 괜찮다." "크리스는요?" "지금 전화 걸고 있어." "받지를 않네." "안 받아." "알았어요. 사랑해요." "우리도 너 사랑한다." "잠깐, 전화 왔다, 연결할게." "여보세요? 무서워요, 전화했는데 연결이 안 됐어요." "우리 여기 있다." "사랑해요." "사랑한다." "사랑해요." "사랑한다." "사랑해요." "사랑한다." "사랑해요."

5위. 삼 분 전: 어머니가 스크린샷을 그렇게 찍은 이유가 세상이 종말을 맞는 순간에 보기 위해서였음을 깨닫는다. 더없이 감사함을 느끼며, 휴대전화를 꺼내 내가 찍은 스크린샷을 본다. 가족 사진이 더 많았으면 좋겠지만 이것이라도 있어서 다행이다. 다시 운다. 무서워서가 아니라, 사랑하는 마음과 하나가 되고 싶어서 운다. 내가 사랑하는 이들도 울고 있으니까.

4위. 십사 분 전: 이 사태를 알게 된 지금 내가 사랑하는 사람, 사랑을 약속하고 평생을 함께하기로 한 사람과 한자리에 있다는 사실이 작은 기적, 아니 엄청난 기적임을 깨닫는다. 좋든 싫든 이제 때가 왔음을 깨닫는다.

3위. 이 분 전: 휴대전화를 끄고 사랑하는 사람을 바라보며 내게 가장 중요한 것이 무엇인지 선언한다.

2위. 일 분 전: 평온한 상태에 이르면서, 세상을 사는 동안 한 일들이 그대로 충분하다는 사실을 받아들인다. 충분할 수밖에 없으니까. 거기까지였고, 영원히 거기까지니까.

1위. 십이 분 전: 대체 무슨 상황인지 인터넷을 찾아보던 중, 세상의 종말에 관한 재미있는 밈을 보고 웃는다.

심리치료실 밖의 나무

케임브리지에 와서 며칠 머물고 있다. 내가 예전에 살았지만 지금은 살지 않는 곳이다.

지금 나는 전에 다니던 심리치료실 밖에서 봄에 활짝 꽃을 피우던 나무 앞에 서 있다. 나무는 아직 그 자리에 있다. 여전히 그대로 서 있다.

매주 심리치료 받으러 다녔을 때 매번 이 나무 앞을 지나갔는데, 나무를 보면 마음이 즐겁고 평안했다. 이런 생각을 했다. '너 아직 여기 있구나. 나도 아직 여기 있는데. 우리 둘이 똑같네?'

겨울에 지나가면서 보면 나무는 황량한 모습으로 서 있었다. 미동도 없는 그 모습을 보며 이런 생각에 종종 빠졌다. '너도 그렇고 다른 나무도 그렇고, 계속 가만히 있으면서 잎을 틔우지 않고 살아도 될 텐데. 그냥 그대로 있지 않는 이유가 뭐야?'

오늘 근방에 와 있다가 그 나무가 궁금해져서, 아직 있는지 보려고 일부러 길을 돌아서 왔는데 천만다행히 그대로였다. 내가 기억하는 이곳의 여러 가지가 변한 와중에 너무나 반갑다.

마침 봄날이라 꽃도 흐드러지게 피어 있다. 나무가 내게 말하는 듯하다. '내 걱정은 하지 마. 난 나무답게 잘 살고 있으니까. 늘 그랬듯이. 대신 너를 좀 챙기지 그래. 그렇게 왔다 갔다 하지 말고. 보고 있으니 피곤하다. 햇볕 아래 몇 주일만 좀 가만히 앉아 있어봐. 내 말 믿어, 기분 좋을 거야.'

나는 우리 눈에 띄는 것, 즉 마음이 끌리고 멈춰 서서 보게 되는 것들이 우리를 이룬다고 믿는다. 그런 것들은 비록 우리 밖에 있지만 어찌 보면 우리의 일부처럼 느껴진다. 아니, 우리를 이루는 한 조각이 그것들 덕분에 살아 있다고 하는 게 더 정확할지도 모르겠다.

나 말고 얼마나 많은 사람이 이 나무를 생각할지 궁금하다. 이 거리나 동네 또는 도시를 생각하면서 이 나무를 떠올리는 사람이 몇 명이나 될지. 나 말고 몇 명이 봄에 이 나무의 낮게 드리운 가지와 큼직한 꽃 속에 완전히 둘러싸인 채, 잠깐이라도 이런 생각을 했을까. '다른 건 아무것도 중요하지 않아. 난 지금 봄날 나뭇가지에 핀 꽃에 둘러싸여 햇살을 받고 있고, 모든 게 잘될 거야.'

물론 모든 게 잘될 리는 없다. 그렇지만 어떤 면에서 우리를 정의하는 것은 우리가 끌리는 것들이고, 그런 것들 덕분에 모든 게 잘되리라는 믿음을 잠깐이나마 품을 수 있다고 믿는다.

누군가가 우리를 기억하는 한 우리는 살아 있다고 한다. 우리 기억 속의 무언가가 옛 보금자리를 아직 지키고 있는 한, 옛 보금자리는 우리를 기억하는 게 아닐까. 그렇게 믿고 싶다.

타인의 방

독립 초기에 혼자 살던 집은 아파트 십이 층의 손바닥만 한 원룸이었다. 침대가 주방에 있고 주방은 침실 안쪽 벽에 붙어 있었다. 모두 같은 공간이고 하나의 방이었다.

어느 날 밤, 엘리베이터를 타고 올라와 평소처럼 내렸는데 뭔가가 달라진 느낌이었다. 복도는 겉으로 봐서 바뀐 게 전혀 없었다.

그런데 매일 지나다닌 복도이건만 어딘지 다르게 느껴졌다. 이유를 알지 못한 채 집 앞에 이르렀다.

열쇠를 자물쇠에 끼웠는데 돌아가지 않았다. 무심코 본능적으로 손잡이를 돌리니 문이 열렸다.

안에 들어서자 벽이라든지 겉으로 보이는 구조는 똑같은데, 곳곳에 채워진 물건이 달랐다. 모든 게 이상했다. 세간살이가 다 낯설었다. 다른 사람 집이었다.

황급히 나가서 문을 닫고 뒤로 물러섰다. 일순간 혼란스러웠다. 분명히 내 집이 있어야 할 곳인데. 문에 붙은 방

번호를 보고서야, 위치는 맞는데 층을 잘못 찾아왔다는 사실을 깨달았다. 전혀 다른 층이었다. 왜 그랬는지 엘리베이터에서 버튼을 잘못 누르고 한 층 아래에서 내린 것이다. 복도를 걸어오면서 느낌이 묘했던 것은 그래서였다.

상황을 깨닫자마자 엘리베이터를 향해 서둘러 발을 옮겼다. 방금 무단침입한 집에 사람이 있었을까 봐 겁나는데, 워낙 급히 문을 닫고 나왔는지라 알 수가 없다. 복도를 걸어 나오는데 중압감이 온몸을 짓눌렀다. 봐서는 안 될 복도를 봐버린 듯한 느낌이었다. 왠지 여기서 빨리 빠져나가지 않으면 갇혀서 영영 못 나갈 것 같았다.

엘리베이터는 좀처럼 오질 않았고 이미 너무 늦었다는 두려움이 밀려왔다. 복도가 이미 내 존재를 알아차렸을 테니 이제 끝이고 나는 영원히 원래 세상으로 돌아가지 못할 게 틀림없다.

드디어 엘리베이터 문이 열렸고, 이번에는 층 버튼을 아주 신중하게 보고 정확하게 눌렀다. 숨죽이고 기다린 끝에 올바른 층에서 엘리베이터 문이 열렸다.

복도는 방금과 똑같은 모습인데 이제 친숙한 느낌이었다. 열쇠를 꽉 쥔 채 내 집으로 급히 발을 옮겼다.

열쇠를 자물쇠에 넣으니 이번에는 돌아갔다. 뒤돌아보지 않고 문을 열고 들어가서, 문을 닫고, 단단히 잠갔다.

어둠 속에서도 낯익은 형체가 눈에 들어오자 안도의 한숨이 나왔다. 집이다.

생각해보면 집이란 다른 게 아니다. 낯설던 공간을 낯익게 만들면 집이 된다. 그러려면 자기 물건을 두는 방법이 있다. 또, 그냥 자기 몸을 두고 어느 정도 사는 방법이 있다.

*

해마다 겨울이면 내가 자랐던 집을 찾아간다.

옛날 내 방에 서서, 어린 내가 여기서 살던 느낌을 떠올려본다. 그저 손님으로서 '여기'라는 곳의 추억을 관찰하는 데 그치지 않는다. 여기엔 내 모든 물건이 그 시절의 기억 그대로 놓여 있다. 영원히 멈춘 채로. 지금은 사라진, 지금의 나와는 다른, 과거의 나를 기리는 일종의 기념물이랄까.

이곳이 이제는 집으로 느껴지지 않는다. 옛날 내 방에 서 있는 기분은 묘해서, 아래층 남의 원룸에 서 있는 기분과 조금은 비슷하다. 다만 다른 층에 들어선 것이 아니라 다른 시절의 내 집에 들어선 것일 뿐.

때로는 방 안의 물건이 바뀌지 않아도 그곳이 낯설게 느껴질 수 있나 보다.

바뀐 것이 나 자신일 때도 있다.

다시 잘 가요

작별 인사를 할 때면 처음 하는 것이 아닌 한, 전에도 했다는 생각이 들기 마련이다.

이제는 "잘 가요" 대신 "다시 잘 가요"라고 인사하고 싶다. "다음에 봐요"는 장담할 수 없는 말이지만, "다시 잘 가요"에는 이 작별 인사가 처음이 아니라는 의미가 담겨 있다.

지난번 헤어지고 나서, 어쨌든 우리 둘 다, 다시 만난 것 아니겠는가.

나가며 작은 작별 인사

책 작업이 끝나지 않았으면 했다. 이 프로젝트를 장기적으로 진행하는 동안은 항상 할 일이 있어서 좋았다. 문득 사소한 생각이 떠오를 때마다 혹시 글감이 될 수 있으니 반갑게 검토해봤고, 설령 검토해보니 별것 아니라 해도 살펴보는 작업을 했으니 그것도 일이었다. 이 책을 작업하는 목적이 곧 사색이었기에, 생각하고 살펴보고 불현듯 떠오른 아이디어를 검토하는 등 어떤 식으로든 틈날 때마다 뭔가 일을 할 수 있어서 마음이 편했다. 심지어 딱히 프로젝트에 관련된 작업이나 생각을 하지 않을 때도 프로젝트를 하는 기분이었다. 그럴 때도 뭔가 경험을 쌓아두었다가 나중에 생각해보고 글감으로 삼을 수 있으니까. 아니면 휴식을 쌓는다고 할까, 시간과 기력을 충전해 또다시 일할 준비를 할 수 있었다. 쉴 수 있는 구실이 있으니 좋았다. '일에 도움이 된다'라든지 '쉬면서 해야 일의 효율이 높아진다'라는 명분이 있었다. 이제 프로젝트가 끝났으니 그런 구실이 없어질 게 두렵다.

지난 삼 년 정도 스쳐 지나가는 모든 생각을 혹시 의미가 있길 바라면서 빠짐없이 살펴보고 뜯어보고 기록하느라 즐거웠다. 이제 탈고했으니 그럴 일이 없어서 습관을 잊을까 염려된다. 그동안 나라는 사람이 어떤 의미를 가질 수 있어서 좋았다. 내가 세상에 사는 보람을 찾을 수 있었다.

이제는 생각을 그냥 생각으로 두고 만족해도 된다는 뜻일지도 모른다. 스쳐 지나가는 생각이 꼭 특별한 의미를 가져야 할 필요도 없고, 무슨 프로젝트에 쓰이거나 일감이 되어야 할 필요도 없으니까. 이제는 휴식 그 자체를 위해 휴식할 수 있을지 모른다. 쉬려면 쉴 만한 이유가 있어야 한다는 생각에서 벗어나서 말이다. 이 작업을 마치고 한동안은 더 아이디어가 나올 수 없을 듯한데, 그렇게 아무것도 없는 상태가 반가울 것이다.

모든 창작물은 보존 기록 또는 타임캡슐이라고 생각한다. 특정 시점에 창작자가 어떤 사람이었다는 자기 인식을 기록해둔 것이다.

이 책에 나의 일부를 담아 넣고 그 일부를 내게서 덜어냄으로써 내 안의 공간을 비울 수 있었다. 그럼으로써 뭔가 새로운 모습, 뭔가 바뀐 모습으로 성장할 수 있었다. 앞으로는 바뀌고 성장하고 또 바뀌고 성장하기를 거듭하다가 어딘지 다른 모습의 내가 되면, 또다시 무슨 이유를 찾아서 나를 기록하여 보존하고 싶어지지 않을까. 아니, 어쩌면 성장한 미래의 나는 스스로를 기록하여 보존해야 한다는 생각이 아예 없을지도. 존재하는 모든 순간을 일하는 기회로 삼을 필요를 느끼지 않을지도 모른다. 그렇게 되면 얼마나 좋을까.

무언가를 만드는 시점과 사람들에게 공개하는 시점 사이에는 시간차가 있는 게 중요하지 않을까 싶다. 내가 보존 처리하여 떠나보낸 나를 남들에게 처음 보이기 전에 나 스스로 애도하는 시간이 필요하니까.

지금 이 글을 쓰고 있는 내가 이런 것들을 확실히 알 수 있는 날이 올 것 같지는 않다. 독자가 이 책을 읽을 즈음이면 책을 쓴 사람은 이미 없을 테니까.

옮긴이의 말

살다 보면 문득 멈춰 서서 지난 시간을 애틋하게 되돌아보는 순간이 있다. 《하던 일을 멈추고 바닷속으로》는 그런 감정을 마주하게 하는 책이다. 이 책은 저자가 일상을 치열하게 살아가며 느낀 외로움, 향수, 불안, 그리고 가족, 보살핌, 정체성에 관한 생각을 섬세하고 솔직하게 풀어낸 에세이 모음집이다.

조니 선은 다재다능한 작가이자 예술가다. 특유의 친근하고 사색적인 일러스트와 글로 전작 《내가 외계인이면 다들 외계인Everyone's a Aliebn When Ur a Aliebn Too》이 큰 사랑을 받은 데 이어, 이 책 《하던 일을 멈추고 바닷속으로》 역시 뉴욕타임스 베스트셀러에 오르며 독자의 마음을 사로잡았다. 여러 수상 기록을 보유한 성인 코미디 애니메이션 시리즈 '보잭 호스맨BoJack Horseman'의 각본을 쓰는 등 시나리오 작가로도 활동중이고, MIT와 하버드에서 소셜미디어와 가상공간을 연구하는 등 미디어와 현대사회의 다양한 현상에 대한 관심을 이어가고 있다.

50만 명 이상의 팔로워를 보유한 트위터에서 재치 있고 공감을 사는 글로 큰 호응을 얻으면서, 〈타임〉 '인터넷에서 가장 영향력 있는 25인'에 선정되고 〈포브스〉 '30세 미만 주목할 만한 30인'에 이름을 올리는 등 유수의 매체에서 주목받기도 했다. 조니 선은 섬세하고 치밀한 지성, 그리고 유머와 따뜻함을 겸비한 작가다. 그의 글은 솔직한 자기 고백에 그치지 않고, 아무리 소셜미디어를 해도 늘 외로운 현대인의 내면을 파고드는 깊이가 있다.

이 책을 읽다 보면 일상의 작고 사소한 부분을 새롭게 바라보게 되고, 지나온 시간 속 나의 모습을 떠올리게 된다. 나 역시 작가와 비슷한 성향이 있어서일까. 그의 이야기를 읽으며 때로는 내 이야기를 듣는 듯한 느낌이 들었고, 읽고 나면 묘한 향수로 마음이 가득 찼다.

번역 작업은 조니 선이라는 사람의 마음속에 들어가 그의 시선으로 세상을 바라보는 경험이었다. 그의 글은 지극히 세밀하고 성찰적이다. 긴 호흡으로 이어지기도 하고, 짧고 함축적인 표현에 많은 의미를 넣기도 한다. 왜 굳이 이런 식으로 썼을까? 저자가 만약 우리말로 이 글을 썼다면 어떻게 표현했을까? 이런 고민을 거듭하며 작업했다. 저자의 세심한 감정을 왜곡하지 않으려고 애썼고, 그의 진심이 독자에게도 온전히 전해지길 바랐다.

마음을 어루만져준 글이 많지만 특히 두 편이 기억에 남는다. 첫 번째 글인 '이사'와 거의 마지막에 실린 '세상이 멸망하기 직전 마지막 십오 분, 최악에서 최고 순으로'이다. 한동안 몸 붙인 공간을 떠나는 마음을 이야기하는 글, 그리고 삶의 덧없음과 순간의 소중함을 음미하는 글이다. 두 글 모두 변화와 끝맺음 속에서 발견하는 아름다움과 여운을 담고 있다.

저자는 중국계 캐나다인이고 이민 2세다. 부모님과의 관계라든지 중국인 커뮤니티의 끈끈한 정서 등을 다루는 이야기는 국내 독자에게도 익숙하고 공감하기 쉬운 내용이다. 그래서 저자가 더 가깝게 느껴지고 그의 이야기가 자연스럽게 와닿는 듯하기도 하다. 무엇보다 이 책의 모든 이야기는 살면서 느끼는 그리움, 일의 압박감, 사람과의 관계에서 신경 쓰이는 이런저런 문제, 뭔가를 키우면서 경험하는 좌절과 애정…… 같은 지극히 일상적인 소재를 다룬다. 저자의 소소하면서도 진지한 고백에서 '나만 이런 기분을 느끼는 게 아니구나' 하고 위로를 받을 독자가 많으리라 믿는다.

단숨에 읽기보다는 어딘가에 두고 생각날 때마다 가볍게 꺼내 읽기 좋은 책이다. 쉴 때나 쉬고 싶을 때, 마음이 허전하거나 그리울 때 펼쳐 보길 추천한다.

이 책을 번역하며 느낀 따뜻함과 애잔함이 독자에게도 전해지길 바란다. 그리고 조니 선의 이야기가 독자 여러분의 일상에 작은 위로와 잔잔한 울림으로 남길 바란다.

2025년 여름
홍한결

옮긴이 **홍한결**
서울대학교 화학공학과와 한국외국어대학교 통번역대학원에서 공부하고 번역가로 일하고 있다. 쉽게 읽히고 오래 두고 보고 싶은 책을 만들고 싶어한다. 옮긴 책으로 《삶은 몸 안에 있다》 《먼저 우울을 말할 용기》 《파묻힌 거인》 《걸어다니는 어원 사전》 《책 좀 빌려줄래?》 등이 있다.

하던 일을 멈추고 바닷속으로

1판 1쇄 인쇄 2025년 7월 10일 **1판 1쇄 발행** 2025년 7월 31일

지은이 조니 선
옮긴이 홍한결

발행인 박강휘
편집 백경현 박정선 **디자인** 이경희
마케팅 박유진 이헌영 **홍보** 박상연 이수빈

발행처 김영사
주소 경기도 파주시 문발로 197(문발동) 우편번호 10881
등록 1979년 5월 17일(제406-2003-036호)
주문 및 문의 전화 031)955-3100 **팩스** 031)955-3111
편집부 전화 02)3668-3289 **팩스** 02)745-4827
전자우편 literature@gimmyoung.com
비채 블로그 http://blog.naver.com/viche_books
인스타그램 @drviche @viche_editors **트위터** @vichebook
ISBN 979-11-7332-245-7 03840 책값은 뒤표지에 있습니다.

비채는 김영사의 문학 브랜드입니다.